JK

自立と工夫で常識を変える

弘前学院聖愛高校野球部監督

原田一範の挑戦

田尻賢誉 著

まえがき

2023年の夏。慶應義塾高校が甲子園大会で優勝し、大フィーバーになった。高校野球ファンだけではなく、世間でも話題になったのは日本の誇る〝慶應〟というブランドが大きかったのは間違いない。だが、それ以上に注目されたのは次のようなことだった。

●サラサラヘアの長髪
●エンジョイベースボール
●監督を「さんづけ」で呼ぶ
●監督をイジりのネタに使う
●監督がお立ち台で「多様性」と口にする
●キャプテンがお立ち台で「高校野球の常識を変えたい」と言う

これらに代表される従来の高校野球のイメージ、球児像を壊す〝高校野球っぽくない〟ところがクローズアップされたのだ。

当然のことながら、筆者も多くのメディアから慶應についてコメントを求められた。筆者の主宰するタジケンオンラインサロンでも全国の指導者たちから「慶應についてどう思いますか」といった質問を受けた。

だが、筆者の答えは「特に何も思いません」というものだった。なぜなら、慶應よりも、もっと〝高校野球っぽくない〟チームを知っていたからだ。

そのチームの名前は弘前学院聖愛高校。しかけ人はチームを率いる原田一範監督だ。２００１年に女子校から共学になった聖愛の監督に就任。県外から有力選手が集まる八戸学院光星、青森山田の２強が君臨する青森球界に青森県人だけで戦いを挑み、13年夏に２強を連破して初の甲子園出場。大舞台でも２勝を挙げてベスト16入りした。その後は19年春に東北大会優勝。21年夏には再び２強を破って二度目の甲子園出場を果たした。

聖愛（というより原田監督）を形容するのに〝高校野球っぽくない〟という言葉では物足りない。はっきり言って、ぶっ飛んでいる。

●正社員でもないのに1600万円の借金をして寮を購入
●3500万円の借金をして第二寮を購入（現在は別の目的で使用）
●グラウンドを貸し出し、あえて練習できない環境にする
●話を聞いた1か月後にドミニカ共和国へ飛ぶ
●冬場は毎週土日に野球教室を開催
●朝に教養を身につける、自己啓発のための勉強会を実施
●ノーサイン野球
●部費の見える化・お金の教育をする
●キャプテン制廃止

この他にも父母会を接待する新年会を企画するなど、他の指導者がマネ

したくてもマネできないようなしかけや取り組みを常に考えている。

原田監督が他の監督と決定的に違うのは興味の対象、学びの対象が野球界よりもビジネスに向いていること。映画や舞台、イベントをヒットさせる天才・お笑い芸人の西野亮廣さん、YouTube講演家の鴨頭嘉人さんらから刺激を受け、チーム運営に活かしている。西野さん、鴨頭さんというビジネスインフルエンサー二人のVoicy（音声配信プラットフォーム）で紹介された野球関係者は日本で唯一、原田監督だけだろう。

野球界は狭い世界。人と違うことをすれば変人と言われ、新しいことを始めれば叩かれる。ご多分に漏れず、原田監督も叩かれまくってきた。それにより、心が折れかけたことも一度や二度ではない。だが、何を言われようと自分の信じたことを続けてきた。叩かれても、凹んでも、あきらめずにやり続けてきたから今がある。

「価値があるということは希少だということ。変だと言われることは『普通じゃない』ということじゃないですか。希少性があるということ。価値があるということ。変人だ、変態だと言われるのは、イコール価値が高いということだと思うんですよ。というふうに自分に言い聞かせてます（笑）」

野球界の常識は世間の非常識
指示待ちの野球型人間では社会に出て通用しない
社会に出て他者に貢献できる人材を育成するのが指導者の使命

勝つだけでは意味はない。勝ちを目指したうえで、何を得るのか。自主的に動ける自立した心、無理だと思ってもなんとかしようとする工夫。勝ちと価値の両方を求め、自立と工夫ができる人間を目指すのが聖愛野球部だ。

「よく聞かれるんですけど、自分の中で新しいことをやっているという感覚は一個もないんです。新しいことをしたほうがいいという気持ちも一個もない。あるのは理念だけ。『もっとよくしたい』『こういう人になってほしい』という思いがあるから、そのために活動する。それだけなんです。常によくなればいいと思っているから、自然にアイデアが出てくる。引き寄せられるんですよ」

次は何が出るのか楽しみになるびっくり箱。野球界の常識を変えるべく、日本一チャレンジし続けているのが原田監督。

一度話を聞いたら誰もが引き込まれる原田一範ワールドへ、ようこそ。

目次

第2章　自立した心を育てる——子どもが自ずと動くための仕組みづくり

デザイン
PAARE'N
写真
原田一範
田尻賢誉
ベースボール・マガジン社
校閲
戸田道男

第1章

ぶれずに動く
――チーム運営の核になるもの

1　グッドルーザーになる

拍手が聞こえた。手を叩いていたのは、スタンドのファンではない。応援団でもない。叩いていたのは、聖愛の3年生たちだった。

2023年夏の青森大会決勝。八戸学院光星対八戸工大一の試合は大接戦。2対2の同点で延長タイブレークにもつれ込んだ試合は、10回表に光星が1点を勝ち越し。その裏の一死満塁のピンチを断って甲子園出場を決めた。

勝負の世界において、勝者と敗者の差は残酷だ。優勝した八戸学院光星側には報道陣が殺到するが、準優勝の八戸工大一側に来る記者は数えるほど。選手たちと一緒に大会補助にあたっていた原田監督は1年生、2年生も呼んでこう言った。

「これを見ろ。天国と地獄だろ。わ（＊方言で自分のこと）も決勝で三回負けたことあるから気持ちわかる。マジで言うけど、決勝で負けるんだったら1回戦で負けたほうがいいぐらいだ」

2年連続決勝敗退。10回裏は「あと一打で甲子園」という場面までつくった。勝てる試合を落とし、泣きじゃくる八戸工大一ナイン。報道陣から見向きもされず、悔しさと孤独感でいっぱいになったまま、グラウンドに一礼。「ありがとうございました」と言ったそのときだった。

「グラウンド内から拍手が聞こえたんですよ。『なんだべ？』と思ったら、うちの3年生。八戸工大一の選手にめっちゃ拍手してたんですよ。それにつられて、私も拍手しちゃいました。それに対して、長谷川（菊雄）監督も工大一の選手も『聖愛、ありがとう』と言ってくれた。ベンチの近くにいた聖愛の選手に抱きついてきた工大一の選手もいました。工大一の選手に『ありがとう』って言われたうちの選手は『何言ってんだよ。当たり前じゃないか。ホント、頑張ったじゃねーか。こちらこそありがとう。いいゲーム見せてもらった』って。それ見てめちゃくちゃ感動しましたね」

そもそも、3年生が負けたあとに大会補助をすることすら異例だ。しかも、聖愛は準決勝で八戸工大一に敗れている。夢破れた2日後に大会運営の手伝いをしろといわれても、普通なら、やる気が出ないだろう。

「うちらは引退がないのでやる気がしないっていう発想はないんですよ。自分らがお世話になった大会だから、自分らも最後までやりきろうという感覚ですね」

夏の大会前、聖愛の選手たちは目標をATK（A＝最悪、T＝最低限、K＝最高）で設定していた。

「最悪がバッドウィナー、バッドルーザーで終わること。勝っていい気になるなら勝つ必要はない。負けてふてくされること、何かのせいにすることほどかっこ悪いことはない。最低限はグッドルーザーで終わること。最高はグッドウィナーで終わること。最高の目標は達成できませんでしたから、**最低限、グッドルーザーで終わろう、最後までやりきろう**とは言っていました」

自分たちが甲子園に行けなかったからといってふてくされず、最後まで大会補助をやりきる。原田監督はそれさえできれば合格と思っていたが、選手たちは監督の想像を上回る行動をした。

「大会本部の人からも初めて言われたんですよ。『あんな光景見たの初めてだ。感動した』って。泣いて私に報告に来た人もいました。『ありがとうございます。いいもの見させてもらいました』って。3年生からすれば、自分たちは甲子園に行けなかった。本当であれば、負けた工大一に対して悔しい思いがある。それなのに、その工大一の選手たちに対して拍手をした。つらい思いをして、誰からも注目を浴びていない工大一に拍手を送った。あれを見て、彼らはグッドルーザーだったなと。夏の大会は最高の終わり方ができたなと思いました。グッドルーザーだし、チーム理念である**『Do for others』の精神が浸透**したなと思った瞬間でした」

実は、聖愛の選手たちは春の大会で嫌な思いをしている。試合中、外野で守っていた選手が、スタンドで観戦していた次に対戦するチームの選手からヤジを飛ばされたのだ（そのチームに敗退）。それだけではない。聖愛に負けたチームの選手が、敗戦後、インスタグラムに「（ストライク）入ってねーし」と球審の判定に文句を言う投稿をしているのも見ていた。勝者には勝者らしい態度、ふるまいがある。敗者も同様だ。その姿を見て、その選手やチームを応援しようと思う人はいないだろう。

「そんな話を朝の勉強会（29ページ）でもしてるわけですよ。**理念の浸透**です。『この例、どう思う？　バッドウィナーだったよね？　バッドルーザーだったよね？』って話して浸透させてるんです。逆に、グッドルーザー、グッドウィナーの例があったら、それも勉強会で例を挙げて共有、浸透させてます。決勝戦のときのあの拍手は、彼らが自然と行動したもの。思わず『おめんど（お前たち）、マジで最高だな』って言いましたよ。あんな行動をするようになるには？　もう、**日頃しかないですよ。キャンペーンじゃダメですね。本当、普段の活動。地道にコツコツのＪＫしかないです。**朝の勉強会、普段の指導が実った瞬間だと思います」

聖愛ナインの行動は誰もができることではない。原田監督も素直にそれは誇れる。だが、それで合格とも思っていない。

「**野球部の活動の目的は、『社会に出たときに社会貢献できるDo for others精神を持って行動できる人』なので、ここでは答えは出ないいんですよ。**部員でいるうちに答えは出ないんです。社会に出たとき目的は野球部員であるときに社会貢献できる人間をつくることじゃないです。社会に出たときのためなので。聖愛の部員だから装ってるだけかもしれない。聖愛のTシャツを着て補助してるから、その空気でそうなってるかもしれない。あくまでも社会に出たときにどうかが答えなので安心はしてないし、目的を達成してる感じもない。彼らが高校在学中には、答えは一生得られないいんです」

高校球児でいる間は普通にあいさつをしていたのに、大学生になった途端にしなくなる選手はごまんといる。高校生にとって、野球部員でいる間は特別な期間。原田監督もそれがわかっているから100パーセント信用はしていないのだ。

「だから、OBのそういう話を聞いたときや見たときは本当によかったなって思えますね。葛西倖生（21年甲子園出場時のエース）が大学の休みのときに帰ってきて、（自分より実力がかなり劣る）愛球チーム（他校でいうBチーム）の練習に入って一番大きい声を出してたり、ランメニューまで一緒に入ってやってたりするのを見ると『こいつ、本物だな』と思いますね。

もちろん、卒業したあとにがっかりさせるような子もいます。だから、ここにいるときは装っているだけかもしれない。または空気がそうさせてるんじゃないかなと思うことが必要なんです。**最後の最後まで『社会に出たときに他者貢献』という理念を浸透させて卒業させてやるのが必要だと思っています**」

野球で勝っても、野球で負けても、それは一時のこと。目指すのは、人生の勝利者になること。勝っておごらず、負けて腐らず。原田監督は、ぶれずにその大事さを伝え続ける。

2　ニックネームで呼ばせる

監督は毎年歳をとるが、高校生の年齢は変わらない。年々、歳が離れていく。さらに、監督が実績を残せば残すほど、選手たちは監督を特別視するようになる。そのため、選手との接し方や距離感に悩む人もいる。そうならないために、原田監督はこんなことを意識している。

「**カミングアウトすることですね。弱みを見せる。透明感を出すということです。**『あいつは謎だ。何を考えてるかわからない。何か隠してることがあるんじゃないか』っていう不透明感が不信感を生むので。少しでも透明にするために自分の弱いところを見せたり、悩みを打ち明けたりすることは意識してます」

例えば、こんなことだ。この本の取材は対面で行うことになっていたが、原田監督がインフルエンザになったため、オンラインに変更された。筆者が訪れることを楽しみにしてくれていた部員からは「監督のせいだ」とブーイングが起きたという。

「昔だったら隠したと思うんですよ。弱いところを見せたくないから。でも、今回は『完全にJK（＝準備と確認）不足でした』とか、『気持ちが大事だとしゃべっていたのに、気持ちが弱まり、病気に負けてしまいました』と発信しました」

監督だって人間。ミスすることもある。素直に謝ればいいのに、虚勢を張って弱みを見せられない。特に若いときはそうなりがちだ。

「自分も完全にそうでした。大した監督じゃないのに、大した実績もないのに、強く見せようとしちゃうんですよね。年齢や経験が必要？　というより、パーソナリティの問題という気もしますけどね。自分みたいに劣等感がある人はやっぱり強く見せたいんだと思いますよ。バカにされたくないんで。劣等感がない、自信がある人は弱みを見せられると思いますけど」

無駄なプライドは、距離感を縮めるうえではマイナスになる。

「弱みを見せること、カミングアウトすることは推奨しますね。自分の上司をイメージしてみれば簡単だと思うんですけど、いつも強そうに見せている人って、正直、疲れるし、とっつきにくいし、本音を言いづらいじゃないですか。でも、冗談を言ったり、『今、こういうことで困ってんだよなあ』とか『今、悩んでて落ち込んでるんだよ』って弱みを見せたり、本音を言ったりしてくれる人には心を開きたくなりますよね。**人間味というのは弱みのことだと思います。人間味を見せるのが大事**だと思います」

そう話す原田監督だが、23年に入り、さらに距離感を縮めるために驚くべきことを始めた。なんと、選手たちに自分を「のりさん」とニックネームで呼ばせるようにしたのだ。

「きっかけは仲のいい森林（貴彦、慶應義塾高校監督）さんとひろし（東北高校・佐藤洋監督）さんの影響です。森林さんは『上下関係をつくりたくないから』と〝森林さん〟と呼ばせている。ひろしさんは『距離を縮めたいから』と名前で〝ひろしさん〟にしている。その上といったら、ニックネームだろうなと思って〝のりさん〟にしました」

選手たちにはミーティングでこう切り出した。

「もちろん、（監督と選手という）上下の関係で指示をすることがあるのは当然だけど、おんどと距離を縮めたい。本音で言い合えるようにもしたい。慶應は〝森林さん〟だよな。それに負けじと東北高校の佐藤監督は名前で〝ひろしさん〟と呼ばせてる。60歳の還暦になる人が〝ひろしさん〟だぞ。負けたくないじゃん？　負けたくないから、今からわのことは〝のりさん〟って呼んで」

監督からの唐突なお願いに選手たちは爆笑。〝のりさん〟と呼ぶことに決まったが、そう言われたからといってすぐに呼べるものでもない。

「最初のうちは〝監督さん〟って来るんですよ。そう呼ぶクセがついてるんで。何回言っても〝のりさん〟って言わない。何回も〝監督さん〟って来るんで、『〝のりさん〟って言えって言ってんだろ』って怒ったりして（笑）。せっかく距離を縮めようと思ってやったのに本末転倒でしたね」

選手たちも徐々に言えるようになり、約1か月で〝のりさん〟は定着した。

「最初、ちっちゃい声で言ってましたけどね。（ニックネーム定着後に入学した）1年生は勇気持って言ってたと思いますよ。今は（選手の）親御さんたちも〝のりさん〟って言いますよ。妻は〝おめぇ〟ですけど（笑）」

原田監督が距離感の変化を感じたのが3月。ニックネームで呼ばせて2か月ぐらいたった頃のことだ。

「呼び名で距離感を縮めてるせいか、いい意味で私をバカにする人が多くなりましたよ。（雪でグラウンドが使えず、久しぶりに）外に出てキャッチャーフライを打ったときに、上がったり、上がらなかったりしたんですよ。そしたら、3年生たちがまあ、やじる、やじる（笑）。『いつも筋トレしてんじゃねーのかよ』とか。それを聞いて余裕が出てきたなと」

やじる相手が若いコーチならまだしも、監督。高校野球の現場では、ほとんど見られない光景だ。距離が近いといえば聞こえはいいが、以前よりも先輩後輩の関係が薄れてきている昨今。ニックネームで呼ばせることで悪乗りしたり、監督に対してなめた態度をとったりするような選手はいないのだろうか。

「一線を越えないようには意識してます。空気的には締まってるので普段の接し方は大丈夫ですね。むしろ、**本音を言ったり、冗談言ったりすることが増えた**と思います」

その意味で、原田監督が感心したことがある。敗れた八戸工大一ナインに聖愛の選手たちが拍手を送った、あの夏の大会の決勝の日のことだ。

「(ゲームキャプテンを務めた)菊池成に『あれって、どんな気持ちで拍手したの?』って訊いたんです。正直に言ってましたよ。『自分、ぶっちゃけ、悔しくて拍手できなかったです』って。そういうのも大事だと思うんですよ。それは全然ダメなことじゃないじゃないですか。どっちかというと普通の感情ですよね。適当に合わせて聖愛の称賛された出来事に自分も乗っかることもできる。でも、『悔しくてできなかった』という自分の意見を言えたのは、大したもんだと思います。素晴らしいと思います。ひと冬かけて本音を言おうということをずっとやってきたので、それも浸透した結果かなと思いますね」

その場だけ、聖愛の部員らしく装っても仕方がない。「こんなことを言ったら、監督に怒られるかな」という気持ちでは、自然には行動できないからだ。本音で言い合える関係だからこそ、お互い理解し合える。結果的には、そのほうが将来の行動が変わることにつながる。原田監督はそう考えている。

3 倫理法人会で学ぶ

原田監督が、「間違いなく自分の人生を変えた」と言うのが2010年に倫理法人会に入ったことだ。倫理法人会とは、経営者を中心にさまざまな職種の人たちが成功法則を勉強する会。幅広い年齢層の人たちが学んでいる。

「きっかけは、青森市であった大嶋啓介さんの講演会です。居酒屋てっぺんの創業者・大嶋さんのことは大好きで、聖愛ではてっぺんに倣って朝礼（居酒屋てっぺんでは『本気の朝礼』が有名）もやっていたので、会いたいなと思って行ったんですけど、会場に置いてある案内のリーフレットを見たら、講演会の主催が倫理法人会ということがわかったんです。さらに、倫理法人会はモーニングセミナーをやっていて、次の日も朝6時から7時まで誰でも無料で大嶋さんの講演が聞けますと」

当時は倫理法人会のことも、モーニングセミナーのこともまったく知らなかったが、行動が早い原田監督。翌朝、5人の生徒を連れて青森市まで車を走らせた。

「行ってみたら、スーツを着た名だたる経営者たちが朝早くから『おはようございます』って元気出して学んでるんですよ。『こんな世界があるんだな』と思いましたね。そのときに弘前にも倫理法人会があって、週一回、火曜日の朝6時から7時までモーニングセミナーをやっているると聞いたんです。行ってみたら、ここでも30人ぐらいのスーツを着た名だたる社長さんが学んでいるんですよ。そこでまた『こんな世界があるんだ』って」

すぐに入会することを決めたが、当初は純粋に学ぼうという気持ちだけではなかった。

「入会しようと思ったきっかけは超下心です。聖愛高校野球部の原田監督がこの会に入って一緒に学んでたら、絶対、生徒たちの就職がよくなるだろうなと」

ところが、入ってみるとそんな気持ちはどこかへ吹き飛んだ。学んでいることが奥深かったからだ。

「『万人幸福の栞』という本を使って学ぶんですけど、ここには、今の私がいつもしゃべってるようなことがいっぱい書いてあるんです」

例えば、「本《もと》を忘れず、末《すえ》を乱さず（反始慎終）」と題された項目にはこんなことが書いてある。

『枝葉のことには気をつけるが、何事につけても本を忘れがちである。初めは注意深くしっかりするが、終りは、どうにでもなれ、やぶれかぶれだ。これは世間にありがちのことである。スタートを切るそのとたん、ゴールに入るその一しゅん、それで一切がきまる。（中略）こういうしりのしまりのない人々の仕事は、多く七八分まで行って崩れる。もうだいじょうぶというところでガラリと行く。そしてこれを他人のせいにし、時勢の罪に帰せようとするが、実は、皆己の心境の反映にすぎない。小さい事に末を乱す人は、大切な事に終りを全うしない。その極《きょく》は悲惨な死様をすることにさえなるのである（後略）』

人間はすぐに結果を出そうとして枝葉の部分に目を注ぎがち。物事を始めたはいいが、最後まできっちりやりきらない。失敗したら責任転嫁する……。初版は1949年だが、現代にも通じる、生きていくうえで大切なことがわかりやすくまとめられている。

「私の頭の中の根本は『万人幸福の栞』ですよ。**人としての根本**はここから学んでいます。結局、野球人ってこういうことを勉強してないよなと思ったのもこれがきっかけですね」

もうひとつ、倫理法人会に入ってよかったと思えるのが、人との出会いだ。

「いろんな人とそこで出会いました。大嶋さんと直接会うことにもなったし、そのつながりで鴨頭さん（嘉人、YouTube講演家・インフルエンサー）とも出会うことになった。井上さん（信平、聖愛野球部のロゴマークをデザイン）、樋川さん（新一、タレント・王林の所属したりんご娘をプロデュース）との出会いも倫理法人会です。これはかなり大きいですね。初めて**野球以外の人とのつながり**を持ったのはここですし、野球のつながりってちっちゃいなと思っちゃったのもここですね」

人としての生き方、考え方を学び、人とのつながりも得た。「倫理法人会がなければ、現在の原田一範はない」。そう言っても過言ではないほど、原田監督の人生に大きな影響を与えている。

4 朝の勉強会をする

「これは私が一番力を入れていることですね。うちの野球部にとって一番重視している時間です」

そう原田監督が言うのが朝の勉強会だ。倫理法人会で学んでいる企業がどこも朝の勉強会をしていると聞いて取り入れた。シーズン中はそのときのチーム状況によって朝練をする日と勉強会をやる日が変わるが、冬は火曜日から金曜日まで週4回行う。時間は7時50分から20～30分程度だ。

「勉強会をやる目的のひとつは**理念の浸透**です。理念経営をすることが一番大事で、それを浸透させるためですね。その他には**共通言語**をしっかり増やすこと。そして、**教養**を深めること。この三つが目的です」

中でも力を入れるのが理念の浸透。それこそが、原田監督が「一番重視している」と言う理由でもある。

「なぜ重視するのかといったら、**経営に一番大事なのは理念**だからです。理念の浸透だからです。聖愛でいえば『Do for others』。高校野球を通じて自立し、強く生き抜いて行く力を養い、全部員の成長と幸福を追求し、次世代を担う社会に貢献できる人財を形成する。こういう人をつくるために一番必要なことが理念の浸透。だからミーティングをするわけです。価値観を合わせる、共通言語をつくるために必要だから一番大事なのは当然。この時間を削る人や理念がない人が多い。もしあったとしても、明文化されてないと思います。経営理念がない会社なんてありえないですよね。（困ったとき、行き詰まったときに）戻る場所がないのでつぶれますよ」

日々の勉強する内容はその時々によって異なるが、最初の10分間はモーニングリーダー（107ページ）がテーマを与えて話し合う。

「先週1週間で自分の中で一番の気づきを共有してください」

「隣の人と共有して、発表したい人は前に出て発表してください」

といった感じだ。後半の15～20分間は原田監督がそのときに必要なことを話す。理念の話はもちろん、読んで感銘を受けた本の内容を紹介したり、それをもとに話し合いをしたりする。内容は脳の仕組みや機能についてだったり、野球部で行うべき仕組み化についてだったりといろいろだ。

理念の浸透を大きな目的とする「朝の勉強会」。選手が主体的に耳を傾けるようになるべく、原田監督は「訊くこと」から始める

「私が話すときも、一方通行にはならないようにしてます。**必ず訊くことから始めます。**訊く→答えさせるですね。『これについてどう思う？』と誰かに訊けば、他のみんなもいつ当てられても答えられるように構えるので。構えればアウトプット前提で、主体的に聞くようになります。『このことについて隣の人と2分ぐらいで話をしてみて』と交流させ、**アウトプットさせておいてからレクチャーする**というのは絶対ですね」

一方的に話しても、監督の自己満足になるだけ。選手たちには伝わらない。勉強会の目的を自分が話す内容を浸透させることにしている以上、ひと手間かけるのだ。

「続けていて感じるのは、3年生ぐらいになるとすごく浸透してるなということ。共通言語ができるし、価値観が合ってきます。でも、1年生の最初はまったくですよ。たぶん中国語をしゃべってるのと同じぐらいに聞こえてると思います（笑）。前の日に〝五感〟について話をしたのに、〝五覚〟って答えるヤツもいますから。そんなレベルです。一個もわかってないと思います。1年生はほんとチンプンカンプンです。でも、仕方ないかなと思いますね。なので、次の日は必ず前の日の復習から入るんです」

高校生の「はい」はわかったという意味ではない。「聞こえました」という意味。だから、浸透するまで何度でも同じ話をする。「前にも言っただろ」や「何回言ったらわかるんだ」と言ったら指導者の負け。わかるまで言い続ける、やり続ける、粘り続ける。こちらの意図が伝わるまで100回でも、1000回でも言わなければいけない。グラウンドで練習するばかりではチームは強くならない。徹底した教育、理念の浸透をもとに練習するから強くなる。勉強する時間を省かない。くり返し勉強する。この時間をつくることこそ、指導者がやるべきことなのだ。

5 異業種、他競技から学ぶ

倫理法人会での出会いに限らず、原田監督は積極的に野球以外の人たちから学んでいる。原田監督にとっては当たり前のことだが、野球界では少数派。多くの野球人は野球の強い学校やチームから学ぼうとするからだ。なぜ、野球人は野球界以外に目を向ける人が少ないのか。

「日本の仕組み的に野球は昔からメインスポーツとして、国技として扱われているところがあるじゃないですか。野球は特別扱いされているようなところがある。注目度も違いますから（野球人は）天狗になるんですかね。学校内でも全校応援があるのは野球ですし、天狗になる要素がたくさんあるんだと思います。だからあまりほかの競技から学ぼうとしないのかなと」

ただ、原田監督は外から学ぼうとしない傾向は野球人に限らないとも感じている。

「学校の先生を見ていると学ぶ気がないのは野球だけじゃないと思います。先生って、生徒は座っているのに立っていて、一日に4時間も5時間も上から目線でずっと授業をするわけじゃないですか。自分のことを『先生』と言って、『先生はね』とか『先生の言うことを聞きなさい』という言い方をしますよね。自分のことを先生と言うのは学校の先生だけですから。医者も先生ですけど、医者は自分のことを先生とは言わないですから。学校の先生って、部活動をやってない限りは外部の方と接する機会が少ない気がします。部活動をやってたら、外の人と接する機会もあるし、『練習試合お願いします』とか、勧誘に行ったりとか、部員の進路希望先に出向いたりとか、頭を下げる機会が結構あるんですよ。頭を下げる回数が多ければ多いほど謙虚になれる気がしてます。だからこそ、その場にとどまらずに、常に自分で足を運んで頭を下げて、謙虚さを保ちたいですね」

原田監督に大きな影響を与えた人物が複数いる。その一人が、元四天王寺高校体操部監督で、現在は国士舘大学女子体操部の小畑秀之監督。出会いは聖愛がまだ甲子園に出場していない頃のこと。八戸学院光星（当時光星学院）、青森山田の2強の壁を破れずもがいていた。なんとか現状を打破しようと、原田監督はジャンルを問わず全国でトップクラスの実績を持つ指導者のもとを訪れ、教えを請うていた。

「どうしたら甲子園に行けますか？」

そんな質問をくり返していたあるとき、小畑監督にこんなことを言われた。

「1年間365日、毎日10円玉を貯金してみろ」

野球で勝つため、甲子園に行くためのヒントを知りたかったのに、10円玉貯金をしろと言う。原田監督は思わずこう言ってしまった。

「何か、意味あるんですか？」

その瞬間、こう言われた。

「お前は一生甲子園は無理だ」

当然のことながら、小畑監督は意味があるから言っている。だが、やりもしないうちから勝手に意味がないと決めつけたような態度を見せたことで、バッサリ斬られたのだ。

考えを改め、原田監督はチャレンジすることにした。ところが、1年目。達成まであと一歩のところで10円玉を入れ忘れてしまう。その日は夏の青森大会決勝当日。田村龍弘（現ロッテ）、北條史也（元阪神）を擁し、甲子園で2季連続準優勝中だった（その後3季連続準優勝）光星学院に8回表まで3対3と好試合を展開しながら、8回裏に2ラン本塁打を浴びて敗れた日だった。

夢の甲子園を目前にしながら逃したことで、何もかもやる気がなくなった。自宅では自室に引きこもった。「あのときは本当にひどかった。子どもみたいでした」と佳澄夫人が苦笑いするほどふて腐れてしまったことで、10円玉貯金が頭から飛んでしまったのだ。「あとでやればいい」と後回しにしていたことが続かなかった原因だった。

翌年、この反省からやり方を変更した。気づいたときにやるのではなく、忘れない仕組みをつくった。夜寝る前、枕元に10円玉と貯金箱、その日に10円を入れたかどうかを記録するためのチェックシートを準備するようにしたのだ。翌朝、起きると同時に貯金箱に10円を入れ、チェックシートに○をつける。方法を改めたことで、この年は1年間継続することができた。そしてその年、夢が実現する。夏の青森県大会で八戸学院光星（この年4月に光星学院から校名変更）、青森山田の両校を破って甲子園に初出場したのだ。さらに甲子園でも2勝を挙げる快進撃だった。

10円玉貯金をしてわかったことはたくさんある。なぜ失敗したのかを考え、工夫することの大切さ。失敗しない方法を考えることの大切さ、仕組みづくり。そして、早めに準備することの大切さ。なんとなくやろうとしても、1年間継続することは難しい。続けるためには周到な準備と意識が必要だ。貯金をするのは毎日。遠征に出かける際は貯金箱も忘れずに持って行かなければいけない（移動中に落として貯金箱が割れてしまい、テープで補修して使っていた）。特別なイベントがあろうと、嫌なことがあろうと、体調が悪かろうと例外は許されないのだ。財布に10円玉がなければ両替をするなどして、あらかじめ用意しておかなければいけない。それができないときのための10円玉のストックも必要になる。

やろうと決めたら、気づくことはたくさんある。事前の準備の重要さを実感する。それが野球の指導にも試合中の采配にも活きた。それが甲子園につながった。すべてはやったからこそわかったこと。「何か、意味あるんですか？」と言っていたままなら、わからなかったことだ。

野球に関係あるかないかではなく、何事も野球と関連づけて考える。人の成長につながらないかを考える。その積み重ねが野球界では非常識に映る数々の取り組みとなって表れている。近年は、お笑い芸人の西野亮廣さんからビジネスを学んでいる原田監督。集客やファンづくりの発想はここからきている。

「**絶対言えるのは、ビジネスから学べということ**ですね。小畑先生も黒田（剛・前青森山田高校サッカー部監督。現ＦＣ町田監督）さんも花巻東の佐々木洋監督も全員がこうしゃべってました。『ビジネスからしか学べない』って」

弱者は、野球界の中だけを見ていても勝てない。外の世界を見るからこそ、固定観念を取っ払うことができ、新たなアイデアが生まれる。異業種、他競技からの学び。これもまた、現在の原田監督を語るうえで欠かせないものとなっている。

6 三方向に礼をする

２０１３年夏の甲子園で話題になったのが聖愛の礼だ。試合前、試合後のあいさつ。通常は味方のアルプススタンドに礼をするだけだが、聖愛の礼は違う。相手に礼、大会本部（バックネット裏）に礼、味方に礼。三方向に行うのだ。さらに、その礼が美しい。各選手がばらばらに頭を下げるのではなく、頭を下げるタイミングも、頭を下げる角度も、頭を上げるタイミングもきれいにそろっている。選手だけではない。原田監督、太田淳部長もきっちりそろっていた。

「倫理法人会で学んだことです。すごく意味があるんです。言行一致という意味なんですよ。**言うことと行うことを一致させよう**ということ。言ってることとやってることが違う人って、信頼がないじゃないですか。それを礼から実現させようということなんです」

あいさつには「ありがとうございました」と言ってから礼をするやり方や礼をしてから「ありがとうございました」と言うやり方がある。一見、なんの問題もないように思うが、倫理的な視点では合格ではない。

「どちらも、言ったこととやったことが一緒じゃないんですよ。別に悪いわけじゃないですよ。言行一致は言ったこととやることを一致させようという意味だから、同時にやります。1で礼をするのと同時に『ありがとうございました』と言って2で止まる。ちなみに、礼の角度は45度です。そのあと、3、4で頭を上げていきます。ゆっくり頭を上げるのにも意味があります。残心です。そこに気持ちを残していくということです。1で礼をして、『ありがとうございました』、2で止まって、『ありがとうございました』、3で頭を上げながら『ありがとうございました』、4で頭を上げて『本当にありがとうございました』という意味を持ってやろうということなんです。2、3、4は心の中でありがとうございましたと言います。実は、NHKのニュースを読むアナウンサーは、始めのあいさつが言行一致しています。倫理法人会でそれを教わっていいなと思ったんです」

最初から最後まで全員で合わせることにも意味がある。

「倫理法人会では、朝礼でみんなで、聖愛でやってる礼を訓練するんですよ。それは、心を合わせるということです。参加しているのは経営者ばかりなんです。年齢がいっている経営者もたくさんいます。そうなると、まず合わせられないんですよ。素が出てしまう。わがままな自分が出てしまうんですね。だから、経営者はそこで訓練するんです。朝早くに集まって、みんなで合わせる訓練をする」

経営者は普段、自らが指示や命令をすることはあっても、その逆はない。周りが自分に合わせてくれるのが当たり前になっているため、自分が合わせようという発想がなくなってくる。経営者だからといって、自分は特別ではない。一人の人間として謙虚な気持ちを取り戻すために合わせる作業をするのだ。

「こういうことも教わりましたよ。チームワークという言葉は漢字一文字で表すと『和』。和には合わせるという意味もあるらしいです。チームワークが悪い組織ほど合わせない。『これをやろう』と決めたことを合わせない人たちがいる。だから、ものをそろえる整理整頓から、礼からいろんなところで合わせる訓練をするんだって。**チームワークを築くためには合わせる訓練が必要。**これを会社でやりましょうと教わるんです」

心をそろえるために、あらゆるものをそろえる。倫理法人会には、10人一組になって布団のたたみ方、スリッパの並べ方、お風呂のシャワーノズルを向ける方向、桶の置き方、衣類を入れるカゴの置き方などすべて写真通りにそろえる訓練をするセミナーもある。鬼教官たちがチェックし、写真のお手本と1ミリでも狂っていればやり直し。礼は10人でそろえるのはもちろん、笑顔でできなければ合格にはならない。

当然のことながら、三方向に礼をするのにも理由がある。

「うちは相手側からやってるんですけど、倫理的にいうと、本来は身内からなんですよ。例えば、会社を経営していてお金がなくなってしまったとします。お金を支払わなければいけない相手がたくさんあります。どこから支払うかといったら、一番は自分の給料なんです。自分の給料がないと家族を養っていけないからですね。二番目は社員の給料。社員の給料を払わないと社員を守れません。三番目は昔からの顧客。四番目が新規顧客です。素人は新規顧客を先にして身内を後にします。家族は最後でひとまず顧客や社員に払いがちなんですけど、そうじゃない。大事なのは身内から、まずは自分です。自分の家族を守ろう、次に社員を守ろう、その次に古い顧客を大事にしよう。最後に新規顧客です。要は、**順番を間違えるなということ**。順番の倫理というんです。物事は順番を間違えるから全部うまくいかないんだと。だから、本当は身内から礼をしたいんです。次に大会本部、最後に相手に礼をしたいんですけど、高校野球の場合、最後に身内にあいさつしたほうがいい感じで終われるじゃないですか。相手を最後にしてしまうと盛り上げに欠けるし、身内に尻を向けて終わることになる。先に身内にあいさつをしてしまうと（選手たちが喜んだり、ガッツポーズをしたりして）崩れてしまう。なので、順番を逆にして相手からやってます」

一見、何気なくやっているように見えるが、全員でそろえるとなると意外と難しい。練習が必要だ。

「練習は生徒たちが自主的にやってますね。生徒たちにこの礼の持つ意味の説明はしてますけど、聞かれたら答えられない人が大半だと思います。わかるまで、何回も何回も言わないとダメですね。うちの野球はパフォーマンス的に形だけやってるように映る部分もあると思うんですけど、常に本質を突いてやっています。ただやってるだけのことはひとつもない。すべてにちゃんと、そしてみんなが思っている何倍も深い意味を持って取り組んでます。その**根幹にあるのは経営。すべて理念、目的、目標達成のためにやっている**ということです」

実は、甲子園で三方向に礼をしたところ、「時間がかかるから」と大会本部からやめるように注意された。だが、そんなことで信念の揺らぐ原田監督ではない。

「言われるのは部長だからいいと思ってやってます（笑）」

聖愛の試合は、始まる前も終わったあとも目が離せない。

7　野球教室を開く

衝撃だった。

具体的な数字を突きつけられ、いてもたってもいられなくなった。２０１６年の12月。弘前で東北野球フォーラムが開催された。その中で取り上げられたのが野球人口が減少している問題。原田監督の目に飛び込んできたのは次の数字だった。

弘前市の児童数　06年９９７５人　16年７３７４人（11年間で26パーセント減）
少年野球選手数　06年１１１３人　16年３４３人（11年間で70パーセント減）

「フォーラムのときに見るまでは知りませんでした。子どもが減ってる、野球をやってる子も減ってるのは聞いてましたけど、この数字を見たらショックで。これは危機感を持つレベルじゃない。末期だなと思ったんですよ」

■小学生向けの野球教室

行動が早いのが原田監督の特徴。現実を知るやいなや行動を起こした。知ったのは12月だが、翌1月から週末に小学生向けの野球教室をやると決めた。

「もうこれは何かやらないとダメだと思いました。1月から3月までの土日どっちも、午前なら午前、午後なら午後の半日ですけど、全部野球教室をやろうと。午前に野球教室をやったら、午後に練習すればいいじゃないですか。冬なんて、やること限られてますから。高野連にはお伺いも立てずに動き始めていました」

雪国の冬は練習場の確保すら難しい。聖愛の室内練習場を使えるうえに高校生が野球を教えてくれる。少年野球チームにはメリットしかなかった。少年野球チームに野球教室開催の案内をすると、1週間もしないうちに1月から3月のすべての週末が埋まった。初年度だけで8チームが参加。のべ20回の野球教室を開催した。

「野球教室という感じよりも一緒に練習しようという感じですね。トレーニング系は一緒にやるし、キャッチボールも一緒にやる。小学生なので、専門的な技術を教えるよりも、遊びの中で身体能力が育まれるようなことをやればいいんですよ。基本動作とかよりも、手と足が逆の動きのトレーニングをしたり、お手玉をしてボールで遊んだり。サッカーマンガの『キャプテン翼』に『ボールはともだち』というセリフが出てきますけど、それと同じ。遊び感覚でいいんです。感覚的なものを養うには、早ければ早いほうが、若ければ若いほうがいいので。基本的な形はあとからでもいいんです」

運動神経を鍛えるコーディネーショントレーニングを中心に、自分で考えて判断する練習などゲーム形式で小学生も楽しみながらできるように工夫した。

ただ、野球少年たちに楽しんでもらっても、それだけでは野球人口減少の歯止めにはつながらない。そこで、参加チームには野球未経験の子に声をかけて連れて来てもらうようにお願いした。

「もう野球チームに入っている子たちが野球をやっても、野球人口は増えないじゃないですか。だから、**野球をやっていない兄弟や知り合い、近所の人たちにも来てもらう**。その子たちに野球を体験してもらう。『野球、面白いな』と思ってもらって、野球を始めてもらおうと思ったんです」

未経験者専用の〝ちびっこ野球広場〟を設け、未経験の子たちでもできるストラックアウト、ティースタンドを使ってのバッティングなどを体験してもらった。その中でも、最も盛り上がるのが**〝ならびっこ野球〟**だ。

「バッターは打ったらファーストまで行って、ファーストベースを踏んでホームに戻ってくる（＊ベースは一塁と本塁のみ）。ホームベースを踏む前に守備側がボールを拾って、ボールを拾った人の周りに守備の人が全員集まって手をつないでしゃがんで『アウト』と言う。このアウトの声が早いか、ホームベースを踏むのが早いかで点が入るか決まるんです。これはめちゃくちゃ盛り上がります。面白いですよ」

■保育園で出張野球教室

この年以降、野球教室は継続。18年からは、聖愛に来てもらうだけではなく、聖愛の選手たちが保育園に出向く出張野球教室も始めた。

「野球教室を1年間やってみて、これは保育園に行ったら、野球が好き、嫌い、野球に行きたい、行きたくない関係なく無差別に野球を経験できるんじゃないかと思ったんですよ。それと、サッカーや体操は保育園に出張して体験教室をやってるんですけど、野球はそこまでやってないんです。それで、次の年から保育園に行き始めました。やってみてよかったですね。保育園の子たちって、遊びの中で物を投げる動作をすることがないんですよ。やったことがない遊びだから新鮮みたいで。上から投げるボールを棒を持って打つ遊びなんてないですからね。それと、保育園の子たちって、お姉さんとはいつも遊ぶんです（保育士さんは女性がほとんど）。

なので、『お兄さんと遊ぶのが本当に新鮮だ、貴重だ』と言われました。『上から投げるボールを打つ。お兄さんと遊ぶことは経験していないのですごく刺激になるんだ』と」

保育園でもならびっこ野球は大盛り上がり。野球を知らない保育士さんたちも興味を持ってくれ、活動に取り入れると言ってくれた。

「最初、打つほうは打って一人で喜んで終わっていたんです。守るほうもボールをみんなで奪い合っていた。それが、そのうちに園児の中で問題解決学習を始めるんです。打つほうは走ってベースを踏み、1点を取るのが目的だとわかる。守るほうはボールを捕りたい気持ちを抑え、みんなで手をつないでアウトを取るのが目的だとわかる。たくさんのルールがある中で、自分が犠牲になっても、仲間の成功や目的達成を喜べるようになっていくんです。保育園にはホント、行ってよかった。コロナで中断になってしまいましたけど、一年に一回ぐらい行かないとダメだと思いますよ」

野球の楽しさを伝えたい。減り続ける野球人口をなんとかしたい。原田監督、そして聖愛の選手たちのそんな想いは、結果になって表れた。

「保育園の園長先生が『あなたたちは園児たちにとって生きている教材だ』と言ってくれたん

ですよ。『園児たちの見本だ』って。小学生の子たちも野球を楽しんでくれて、高校生に感謝の手紙が届きました。未経験者で野球をやる子が増えました。野球教室をやっているその場で、子どもが親に『野球、やりたい！』と言っているのも聞きましたし、女の子もたくさん来てくれました。親御さんたちが野球教室のチラシをつくって近所の保育園に配って参加を呼びかけてくれたり、地域一体となって野球人口減少に歯止めをかける活動をすることができました」

野球教室を始めた翌年の数字は次の通りだ。

弘前市の児童数　16年7374人　17年7248人（1年間で2パーセント減）
少年野球選手数　16年343人　17年442人（1年間で28パーセント増）

なんと、1年間で99人も増えたのだ。ちびっこ野球広場で野球に触れ、野球チームに入った女の子の中には、その後、聖愛が女子野球部を立ち上げると聞いて、受験して聖愛中学に入学してきた子もいる。確実に野球教室をやった成果は出た。

しかし、聖愛が野球教室に力を入れることで「原田は勝つことをあきらめた」「野球教室ばっかりやってるから勝てないんだ」と言われるようになった。残念ながら、多くの指導者が見ているのは今でしかない。「未来の野球界のために」ではなく、「今、勝とう」と考える。その結果、「野球教室に時間を割くのはもったいない。練習したほうがいい」となる。

■少年野球チームの体制と野球教室を続ける理由

もうひとつ、野球人口が増えない理由は少年野球チームの体制が変わらないことだ。野球教室をするたびに、原田監督は指導者や保護者から現状を聞かされていた。

「なぜ野球をやらない子が増えたかといったら、親の負担が大きいからです。毎日練習があるので送迎をしなければいけない。おまけに当番もありますから。指導の仕方も問題です。ただ怒鳴るような指導者が多い。始める子が少ないのに、せっかく始めてもやめてしまう子が多いんです。また、試合数が多すぎるのも問題。チームの数も人数も減っているのに試合数は増える。年間100試合ですよ。冬でも室内で試合をするので肩ひじを痛める子が倍増していきます」

いくら聖愛が野球普及活動に力を入れても、少年野球の現場が変わらなければどうにもならない。17年に増加を見せた野球人口は、その後、再び減少の一途。チーム数は減り、合併している状況だ。「やっても意味がない」と思ってもしかたがない。それでも、聖愛は変わらず野球教室を続けている。始めたときと同様、冬の間の週末はすべて野球教室を開催している。それは、なぜなのか。

■高校生が成長するツール

「もちろん、野球を始める子が増えてほしいというのはありますけど、**やっている目的で一番大きいのはキャリア教育になるからですね。高校生が成長するからです**。子どもたちと接するなかで、大まかに言うと〝いいお兄さん〟になりますね。素行がよくなります。ひと冬かけていろんな取り組みをしてますけど、毎年思うのが**野球教室は圧倒的に高校生が成長するツールだということ**です」

理由は、とにかくJK＝準備と確認をするからだ。

「めちゃくちゃ準備するんですよ。シミュレーションするんですよ。でも、実際はうまくいくわけがないんです。相手は子どもですから。一番大事なのはケガをさせないようにすること。子どもたちって、隣に人がいるのに普通にバットを振ったりするんですよ。そういうのに気をつけさせることが必要です。どれだけ準備しても、計画通りに進まないから、やりながら臨機応変に対応することも必要になります。また、チームからの要望もあるんですよ。『元気がないチームだからとにかく元気を出せるようにしてほしい』とか『消極的で困ってる』とか『キャッチボールが下手なので見てほしい』とか。その要望に応えるためにどうするか、高校生たちが全部考えてやる。使う言葉だって難しいですからね。高校生は普段自分たちで使ってる言葉が通じると思ってるんですけど、『スローイングするときに』と言ったたって伝わらない。だから必死ですよ。私ら指導者は口出ししないですから、かなり疲れると思います。終わったら振り返りますよね。振り返ったら、いっぱい課題が出てくるんです。次回のチームのときにそれを活かすんですよ」

計画して準備する→やってみる→振り返る→改善して、またやってみる。まさに、プラン→ドゥ→チェック→アクションのPDCAサイクルだ。

「練習でも試合でもそうですけど、**多くの学校はPDで終わるじゃないですか。やって終わりですよね。チェックして振り返って、改善しないじゃないですか。野球教室は、それを強制的にやらせる仕組み**なんです。しかも、毎回違う子どもたちが来るので想定外のことが起きる。すごく成長すると思います。これは自負してるんですけど、聖愛は日本で一番野球教室をやってると思うんですよ。やっているところがあっても、だいたい年に何回かじゃないですか。別にそれを批判するわけじゃないんですけど、うちらは1月から3月の毎週土日全部やってますから。毎週土日に教育実習してるようなもんです」

机上の空論ではなく、毎週実践する場がある。実際にやるから気づく。実際にやるから成長する。子どもたちのため、将来の野球界のためにと思って始めた野球教室が、結果的には最も聖愛の選手たちを成長させることになった。

「最初はうちの生徒たちのためにやろうなんて考えはひとつもなかったですよ。**『とりあえずやる』と『続けてやる』の『TY精神』が、大きなプラスになって返ってきました**」

■教員になりたい子が増えた

思わぬ副産物はほかにもある。

「野球教室をやり始めてから、**教員になりたいという子が増えました**」

実際、野球教室をやり始めた年の選手のうち、二人が小学校の教員になった。

「生徒たちってよく『将来やりたいことが見つからない』っていうじゃないですか。それは当たり前だと思うんですよ。**将来やりたいこと、何かやりたいことを見つけるためには、とりあえずやってみることが大事**ですよね。やってみて、ちょっとうまくいった。または人から褒められた。そういう成功体験、快感を味わったときに『こういうことやってみたい』ってなるわけじゃないですか。その意味でも、とりあえずやってみるのTY精神で、たくさんのことをやってみることが大事。何もやってないのに将来やりたいことなんて見つかるはずがないと思う

練習場の確保すら難しい雪国の冬。聖愛の室内練習場を使え、高校生が教えてくれる野球教室は、少年野球チームにメリットしかない。そのうえ、高校生が大きく成長するツールでもある

んですよ」

先入観を持たず、いろんなことにチャレンジしてみる。とりあえずやってみないと何も始まらない。そのひとつとして、少年野球教室もある。

「子どもたちと携わって喜んでもらえる、または自分を評価してもらえる経験を積めば、教員になりたい子が増えると思うんですよね。少年野球教室をやってから教員になりたいという子が増えたというのは当然だと思います。先の長い話ですけど、志を持ったうちの野球部員が教員になることで、ちょっとずつ学校現場も変わってくれるといいなと思いますね」

何をすれば自分は喜んでもらえるのか。それに気づくため、選択肢を多く与えるのが指導者の役割といえる。

「小さい頃からひとつのことしか知らずに『自分は将来それになる』と決めてしまうのは、その人の可能性を狭めているような感じがするんですよ。もちろん人の生き方なのでそれを完全に否定しているわけではないです。でもどっちかというと、学校現場って、中学校のうちから将来やることを決めて高校を選ばせる。高校に入ってからも、1年生のときから将来なりたい職業を決めて進路先を選ばせる傾向にあるんです。正直反対ですね。若いとき、早いうちにたくさん経験しておくかどうかで将来に差がつくと思うので」

未来のために始めた野球教室が、今の高校生の成長につながった。今ではなく、未来を重視した結果が、今にも未来にもプラスをもたらすことになった。自分以外のために動けば、必ず自分にも大きなリターンがある。日本で一番多く野球教室をやることによって、聖愛野球部は大きく成長した。

8 異文化に触れる

即断即決、迷いはなかった。

２０１８年の12月。原田監督はドミニカ共和国を訪れた。前々から見てみたいと思っていたわけではない。半ば衝動的な行動だった。

「阪長さんと出会ったのは２０１８年の11月なんですよ。仙台でドミニカ共和国の野球事情についての講演会があった。話を聞いて、単純に面白そうだなと思ったんです。あまりにも日本の野球とドミニカの野球が真逆で。日本は小学校で勝つことを目的にする。中学校のときも勝つことを目的にする。高校でも勝つことを目的にする。大学でも、社会人でも全部勝つことを目的にします。でも、ドミニカは小学校のときはとにかく楽しいと思わせることが目的。中学校は基本的な技術を覚えることが目的。高校に入ったらメジャーのトライアウトで合格することが目的なんです。人口は日本の12分の１しかいない小さな国なのに、なぜ１００人前後も現役メジャーリーガーがいるのか。どうしてもこの目で見てみたくなって、阪長さんに『行きたいです』と言ったんです」

■ドミニカで学んだこと

阪長さん、とは阪長友仁氏。海外での野球指導経験が豊富で、ドミニカの野球事情に精通している人だ。話を聞いてから行くまでわずか1か月。行ってみると、あらゆる場所で子どもたちが野球をしている姿があった。

「野球は町中のどこでもやってるんですよ。道路でも木の棒をバットにしてちっちゃい子も女の子も普通に野球してます。野球で遊んでます。グラウンドが練習で使われていても、ライトのほうにスペースがあれば、そこで子どもたちが自分たちでベースつくって、ルールつくって遊んでます。これが根本だなと思いました」

遊んでいる子どもからアカデミーでメジャーリーガーを目指す子どもまで幅広い年齢の子どもたちを見たが、共通していたのが無邪気な笑顔でボールを追いかけていたこと。それを見た阪長さんはこんな声をかけた。

「野球楽しそうだね」

返ってきたのは意外な反応だった。

「その質問に対して子どもたちが『えっ!? なんでそんなこと聞くの? 当たり前じゃないか』って。『楽しそうだねなんて、そんなこと聞かれたことないよ』と言うんです。それを聞いて、そんな質問自体がおかしいんだなと。『お前、何言ってんだ?』って感じでしたよ。そこに日本とのギャップを感じました。びっくりですね」

好きだから野球をやっている。ただ、それだけ。遊びではなく、真剣にメジャーリーガーを目指している子どもたちにも〝やらされている感〟がなかった。彼らの練習を見ている中で、原田監督が衝撃を受けたことがある。聞き慣れた日本語が、想像もしない意味で使われていたのだ。

「ドミニカでは甲子園が悪い意味の言葉、マイナス用語として使われていたんですよ。『ヘイ。コーシエン』って。やりすぎている、暴言を吐いている、虐待っぽいことをしている場面を見ると『ヘイ、コーシエン』と言う感じです。『高校野球は、なんであんな暑い中、一人のピッチャーが苦しそうにして投げてるんだ？　なんで好きな野球をやってるのに、負けて泣いてるんだ？』って。駅伝も同じ意味で使われてましたね。『なんで好きで走っているのに、苦しそうに走ってるんだ？　なんで好きな陸上やってるのにゴールして倒れ込むんだ？』って。びっくりしました」

彼らが白球を追いかける理由は「好きだから」だけ。楽しいからやっているだけなのだ。楽しんでやっているから、つらいこともつらいとは思わない。楽しんでやることが上達するための一番の方法。楽しんでやる人が最も強いのだ。

ドミニカでは町のあちこちで、野球をする子どもたちの姿を見ることができる

「それがドミニカの価値観なんです。だから、野球を始めた小学生のうちは『野球って楽しいな。面白いな。大好きだな』っていう気持ちを育ませることだけだと。結局、メジャーリーガーになれるかなれないかの差はそこらしいんですよ。どんなに好きか、どんなに楽しいか。その差だけしかない。大谷翔平（現ドジャース）もそんな感じですよね。本人からすれば、努力してる感じはないんでしょうね。楽しんでるようにしか見えないですから」

中学校、高校と進んでも考え方は日本とはまるで違う。練習の内容もまったく異なる。

「それこそ、勝つことを目的にしてないので。とにかくメジャーリーグのトライアウトで合格することを目的にしてるんですよね。向こうのトライアウトは受けに行くんじゃなくて、スカウトを呼ぶんです。練習を見せて、ＯＫだったら合格。その基準は、バッターは逆方向にどれだけ強く飛距離のある打球を飛ばせるか。内野手はショートから緩いゴロをどれだけ早く捕って速くファーストに投げられるか。外野手はライトからフライを捕って、サードにどれだけ強く速く投げられるか。あとは足の速さ。それだけだと言ってました。だから、練習はそれしかしてないんです」

日本のように各ポジションについてのシートノックや中継プレーの練習などはなく、内野手は全員ショートを守り、外野手は全員ライトを守ってトライアウトで合格するための練習をす

「野球が楽しいのは当たり前」。子どもたちのそんな言葉に驚いたという原田監督

る。

「高校での目的が日本とはまるっきり違うので、効率のいい練習とかないんですよ。打撃練習も一か所でしか打たない。その理由を聞いたら、『だって、試合はみんなの注目を浴びた中で打つでしょ』って。『二か所、三か所でやると注目が分散される。みんなに注目された中で、ちゃんと打たないといけないんだ』と。なるほどなと思いましたね」

トライアウトも試合を視察するわけではない。見るのは練習。「自分が見られている」とスカウトの目を意識しながら結果を残さなければいけない。だから、重視するのは効率よりも、注目される中でいつも通りのパフォーマンスを発揮することなのだ。

「ドジャースのアカデミーにも行ったんです

よ。その施設の人に話を聞くと『トライアウトに合格したら、みんなここに来る。ここに来て初めて変化球の打ち方を練習するんだ』と言ってました。『それまでは変化球なんて打たなくていい。とにかく強く速い球を逆方向に打てばいい。アカデミーに入って初めて変化球の打ち方を覚える、守備の連係プレーを覚える、アメリカへ行ったときのための英語を覚える（＊ドミニカの公用語はスペイン語）んだ』と」

勝つためのチームプレーよりも、個々の能力を高めるための練習に特化する。勝つことよりも、自分の価値を高めることに重きを置く。それがドミニカの考え方なのだ。

■日本のよさに気づく

ドミニカでは、初めて見聞きすることの連続に衝撃を受けた。これまでの価値観をひっくり返された。だが、逆に改めて日本のよさにも気づかされた。

「ドミニカに行ったから日本の素晴らしさにも気づいたんですよ。ドミニカは人目を気にしないで好き勝手やる文化。人目を気にしないので、すごく自由な感じがします。ただ、その弊害で汚いんですよ。グラウンドのゴミの量がすごい。ちょっとびっくりするぐらいですね。使ってるボールは硬式なんですけど、グラウンドのネットは日本の小学生のネットよりも低いぐらい。ネットの後ろに家もあるし、車もあるんです。でも、関係ないですからね。『当たったら

ドジャースのアカデミーで使っている球場。ここで選手は初めて変化球の打ち方や守備の連係を学ぶという

ごめんなさい』みたいな」

見た目をきれいにして気持ちよく過ごす。周りに迷惑をかけないように配慮する。日本では当たり前のことだが、それが当たり前ではない国もある。それは外に出てみないとわからない。

「日本ってダントツで世界最古の国なんですよ。中国じゃないんです。中国は隋とかそういった時代を含めれば一番長い歴史ですけど、中華人民共和国になったのは最近ですから。日本の歴史は西暦プラス660年。**日本は伝統を守っていく、つなげていく民族なんです。続けてやれる『TY精神』も日本人だからできること**なんですよね。なぜ守っていけるのかといったら、規律があるから。志があるから。国のために、みんなのためにという武士の志の文化があるから。志って、〝武士の心〟と書くじゃないですか。**人のために、国のためにという志が高いのは、〝日本人力〟**。それは引き継いでいかないと日本ではなくなってしまう。だから、規律や礼儀正しさはなくしちゃダメだと思います」

　野球にも日本にしかない文化がある。ドミニカではネガティブワードで使われていた「コーシエン」だが、高校生のスポーツ大会としては世界でも類を見ない規模と伝統を誇るのが甲子園。１００年続く歴史が持つ価値は大きい。

「甲子園があることでいい面もいっぱいあるじゃないですか。**高校野球には老若男女がふるさと代表を応援してくれる文化がある。勝てば各都道府県の人たちを喜ばせたり、勇気を与えたりすることができますよね。それが高校野球の一番の価値**だと思います。だからこそ、勝つことが大事だし、最善を尽くして勝ちにこだわるのが必要な部分もあると思います。もちろん、将来を奪ってまで、ケガをさせてまで勝ちにこだわるのは違うと思いますけどね」

　自分たちだけいい思いをするのであれば勝つ意味はない。勝ちをいかに価値に結びつけるか。子どもたちの成長に結びつけられるか。そのために日本とドミニカのいい部分を融合させることが必要になってくる。

「一スポーツとして、育成のシステムに関しては、ドミニカのやり方も取り入れていくべきじ

グラウンドにたくさんのゴミが落ちているドミニカ。外国を旅すると、日本のいい部分を再発見することもできる

ゃないかなと思いました。**小学校の段階では楽しいと思わせるのが一番**という考え方にはすごく共感した。だから、弘前プレイヤーズ（66ページ）の立ち上げに携わったんです。**中学校の段階で基本を教える**というのもなるほどなと思いました。**これらがあったうえで、高校で勝つことを教えられればいいなと思ってます**」

9　少年野球チームを設立する

弘前プレイヤーズ・弘前プレイヤーズガールズ。

原田監督が立ち上げに携わった少年野球チームだ。野球教室を重ねるにつれ、少年野球の現場が変わる必要性を感じていた。

「うちらが野球教室をやって、一時期は野球人口が増えたんですよ。でも一時でした。結局、うちらがいくらやっても、少年野球チームの体制が変わらない限り変わらないんですよ。それに気づいたのでチームをつくりました。モデルケースをつくらないとダメだと思ったんです」

自らは高校野球監督のため、運営は教え子や友人に任せているが、チームの活動理念には原田監督の想いが込められている。

「『笑顔あふれる夢』『未来への可能性』『挑戦する勇気』を、共に育もう！　〝これからの時代を担う子供たちを、野球と五育活動（徳育、体育、知育、食育、芸育）を通して共育し、広い視野を持つ自立した子供を育成することを目的として活動します〟」

ホームページにはその理念を掲げる理由がこう書かれている。

「昨今、様々な理由からスポーツ離れが深刻になっています。
また、子供の頃から一つのことに特化しすぎて、アンバランスな身体や人格が形成され、その分野でさえ、年齢を重ねるにつれ伸び悩んでいる現状があります。そして、スポーツ少年団の過熱化により、大人が主役となり、指示や命令で罵声を浴びせ、子供たちの心と体に大きな負担がかかり、指示待ち人間が育成されるどころか、怒られないようにと挑戦する勇気を奪われ、表裏のある人間が育成されている気がします。
このような現状から、ゴールデンエイジと言われる時期に、勝利至上主義ではなく、野球の楽しさを知ること、また野球に特化することなく、人としての幅をつくる（徳育）、様々なスポーツをする（体育）、知識と知恵をつける（知育）、健全な食生活を送る（食育）、感性を磨く（芸育）の5つの活動を取り入れ、全人格形成を育むことを目的に活動をします」

チームの特徴は活動が週二回しかないこと。しかも、野球チームといいながら野球をするのは週一回だけ。もう一日は五育活動を行っている（現在は週二回野球をするアスリートコースを設立）。

「野球だけじゃ面白くないと思っていたんです。ちょうどその頃、菊池雄星（現ブルージェイズ）の講演を聴いたんですけど、そのとき彼は小さい頃に水泳、そろばん、英会話など七つか八つ習いごとをしていたと。『それをやったからといって野球が上手くなったと思いません。でも、小さい頃にたくさんの指導者と出会ったことが、今、生きていくうえでの土台、考え方の基本となっています』というようなことをしゃべっていた。彼は自分のためというより、岩手県のためにという考えが強いじゃないですか（自費で花巻市に屋内練習場を設立）。こんな人になってほしいなと思って、五育活動をやることにしました。毎週木曜日に専門の講師を呼んでやってます」

例えば芸育なら絵画。弘前公園に行って写生をする。知育なら、大谷翔平で有名になった目標達成のためのマンダラチャートの記入をする。

「普通、だいたいクラブといったら、ひとつの小学校だけですよね。でも、ここは学校関係なく、男女関係なく、年齢関係なく来ているので自然と徳育になる。芸育では季節によって絵を描いたり、貼り絵をしたりしますけど、どんな絵を描いても百点なんです。学校に行ったら、それで評価されて嫌になるので。知育のマンダラチャートでは考え方を細分化していく。頭を鍛えようということですね」

食育では調理をしたり、体育では野球以外のスポーツをして遊んだりもする。五育を通して多くの専門家と会い、いろんな経験をさせ、子どもたちの可能性を広げるのが目的だ。

「勉強というよりも、**小さいときからたくさんの大人と触れることが大事**だと思います」

週二回と活動日数が少ないのは、もちろん、親の負担を減らすため。保護者会や保護者としての役割もなく、チームで送迎も行っている。子どもを預けたら終わりという状態をつくり、始めやすくしてもらおうという思いからだ。

「サッカーは送迎があるので預けたら終わりなんです。ところが、野球は送迎しない。それで始めました。ただ、やってみると課題が出てきます。結構いろんなところから来ているので、時間通り送迎するというのはなかなかきついですね。すべてのニーズに応えるというのはなかなか厳しいです」

それもこれも、やってみたからわかること。「野球が一番」とふんぞり返って保護者に送迎させている指導者は一生気づかないことだ。野球教室を通じ、少年野球の現状を知った。反面教師として、真逆の活動を始めた。その結果、わかったことがある。

「素晴らしいと思うのは、**圧倒的に子どもたちにやらされてる感がないんです**。一回、試合を見に行ったことがあるんですけど、声って出るもんなんだなと思いました。他のチームは『声出せ』と言われて、『さあ、来い』ってやってるんですけど、プレイヤーズの子たちは指導者が何も言わなくても『ナイスボール。気を抜かないでな』とか、エラーしても『ドンマイ。切り替えて、次しっかりいこう』って声出してるんです。すごいなって思いました。声が出ないのは、指導者が出させなくしているんだなって。少年野球チームですからね。こんな声出せって誰も言ってないですからね」

プレイヤーズの子たちが野球教室に来たときにも驚かされた。場面を想定してのバッティング。初回の先頭打者がヒットを打つと子どもたちが「次、どうする？」と相談していた。

「子どもたちは、やらされなければ、そうやって言うんだなって。自然体ってこうなんだなという状態はつくれていると思います。しかも、プレイヤーズの子たちは23年、県でベスト4に入ったんですよ。スポーツ少年団には登録していないので出られない大会もあるんですけど、大会がいくつもあるので適宜出ています」

野球の練習は多くても週二回。「練習量が少ないのでは？」という不安の声もあったが、逆に限られた時間だからこそ、子どもたちは時間を大切にし、集中して練習する。結果的には、それが技術向上につながっている。

課題は指導者の人材難だったが、弘前学院大生による47共育塾弘学（157ページ）を立ち上げたことで解消。高校時代に日本一多く野球教室を経験した聖愛ＯＢたちが指導に携わることで、より成果が出ることが期待される。

少年野球の現状を嘆いていても始まらない。他人は変えられないが、自分がやることは変えられる。弘前プレイヤーズの取り組みを参考にして、少しでも少年野球の現状が変わることを原田監督は願っている。

10 女子野球部をつくる

２０２２年の４月。聖愛女子野球部が誕生した。青森県では第一号となる女子野球部ができたのは、もちろん原田監督の意向だ。21年の４月に女子の全国大会決勝が甲子園で行われると決まったときから、ずっと考えていた。

「理由はいくつかあります。少年野球教室をやっていてわかったのが、野球をやってる子は減っていても、**野球をやってる女子はすごく増えてる**ということ。それを見て、手応えがあったのが一つ。二つめは青森県で**一番先にやることが圧倒的な価値を生む**と思ったんです。ブルーオーシャン（＊競合相手がいない）だからです。三つめは聖愛でやることが何よりも価値があると思ったんですよ。２０２６年に創立１４０年になる県内で一番古い女子校。『女子には教育は不要だ』と言われた時代に『女子にも教育が必要です』と手を挙げて周りの批判を受けながら開学したのが聖愛なんです。四つめは、男子野球部は県内では強いじゃないですか。だからやったほうがいいと思ったんですよ」

聖愛に女子野球部ができるとなれば県内では大きなニュースになる。そんなことを考えていた21年、夏の甲子園に出場することができた。甲子園効果で聖愛野球部に注目が集まる。原田監督は「このタイミングしかない」と思った。

「ただ、校長にしゃべってもNGだったんです。『特待生制度がないのに人が集まるのか』とか『部を増やすには生徒会を通さないとダメだ』とか。なかなかハードルが高かったんです。そこで、『校長先生、わかりました。新しい部をつくるのではなくて、野球部に女子部員を入れるだけです。女子野球部をつくるんじゃなくて、聖愛高校野球部に女子部員がいるということ。女子部員なら弘前東にもいたし、五所川原商業にもいました。それと同じですから』と、なんとかやる方向で粘ったんです」

校長が首を縦に振らなければ女子野球部はつくれない。さらに原田監督は思い切った行動に出た。夏の甲子園が終わったあとの10月1日。弘前市長に表敬訪問に行く機会があった。その場にはマスコミがたくさん集まる。原田監督はそこで「来年から女子野球部を始めます。取材してください」と校長の許可なしに発表してしまったのだ。

「そうやって、取り返しのつかないことにしてしまおうと（笑）。当然のことながら、マスコミはみんな食いつくんですよ。地元の放送にも出ますし、反響がすごかった。宣伝効果もすごいですよね。いまだに王林（青森県出身のタレント。聖愛のＯＧ）が来て、全国放送の番組に出たりしますから。あんまり反響があるので、まったく野球部に関係ない特別進学コースの先生が校長先生に『これだけ注目されてるんだから、女子野球やったらいいじゃないですか』って言ったらしいんですよ。その言葉に校長の心が動いた。野球関係者からの声じゃなくて、野球とはまったく関係のない特別進学コースの女性の先生からそういう声が上がるというのは、やっぱりいいんだということで許可が出たんです。それが始まりですね」

では、誰が面倒を見るか。白羽の矢が立ったのが、長年コンビを組んでいた太田淳部長だった。

「太田先生は聖愛が女子校だった時代にテニス部を率いてインターハイに連れて行った実績があるんです。女子の運動部のやり方を知っている。野球部長として甲子園に出た実績もあるし、ネームバリューもある。周りにお願いして歩いたり、対外的なこともできる。あとは娘と甲子園に行ってハッピーエンドで終わるのも素敵かなと（笑）」

21年夏の甲子園で、太田部長はマネジャーを務めていた娘の百合子さんと一緒にベンチ入りしていた。最高の思い出ができたことで、野球部を離れるにはいいタイミングと判断。初代女子野球部監督に就任してもらうことを提案したのだ。

初年度は6人でスタートした女子野球部の活動は順調。2年目には13人になり、大会にも出場できるようになった。23年7月に行われた第27回全国選手権では盛岡誠桜（岩手）、栗山（北海道）を破ってベスト16に進出。短期間で結果を出し、男子野球部にも刺激になっている。

「簡単に結果を出されて、正直、自分らはなんなんだろうっていうのはありますよ（笑）。女子が入ったことによって、より男子野球部の活動の幅が狭くなりました（グラウンドの提供等、191ページ）。でも、より制限がかかっていいと思っています。女子野球はブルーオーシャンなんで人は集まるんですよ。1学年150人程度と生徒数はかなり減ってるので学校的にはいいことだと思いますね。全校生徒450人弱のうち、男子と女子の野球部員で1学年30人程度。五人に一人ぐらいが野球部です」

一般的に、野球は男性に人気のあるスポーツだ。父親が野球好きでも、母親は野球に興味がないということは多々ある。だが、女子野球をきっかけに野球が好きな女子が増えれば、将来、自分の子どもにも野球を勧めてくれる可能性が高くなる。野球人口減少を食い止めるためにも〝野球女子〟は必要なのだ。

11 理念を決めて動く

『Do for others』

これが、聖愛野球部の理念だ。理念とは、活動方針の基礎となる基本的な考え方。活動の根底にある根本的な考え方のこと。組織運営には絶対に欠かせないものだといえる。

「**理念とは、あるべき姿のこと。理念経営とは、そのチーム、組織、会社がどうあるべきかということなんですよ。どんな考え方に基づいて活動するべきか。**高校野球ではほとんどのチームが理念経営をしてないですけど、一流企業にはみんな企業理念がある。チームを運営するうえで、会社を運営するうえで、組織を運営するうえで一番大事なことだと思います。理念があって、目的があって、目標があるんです」

原田監督が聖愛野球部の理念を掲げたのは2012年の冬だった。

「倫理法人会で『会社で一番大事なのは理念経営だ』と勉強したのがきっかけです。どういうことかというと、『**理念を達成するために今日仕事をしよう**』ということなんですよ。逆にいえば、『**理念を達成しないための仕事は、うちの会社でやることではない**』ということなんです。やったほうがいいか、やらないほうがいいか迷ったときには必ず理念に戻る。ぶれない基ですよね」

聖愛野球部なら、Do for othersと掲げているにもかかわらず、わがままを言ったり、自分優先の行動をとったりすれば、理念に反していることになる。「あなたは部員じゃないですよ」と言われることになる。

「それと、同じぐらいの時期に桐蔭横浜大学が日本一を獲ったんです（12年秋の明治神宮大会で優勝）。それほどすごい選手は集まっていないのに。齊藤（博久）監督が企業顔負けの理念をつくってたんですよ。理念、目的、目標、行動指針みたいなのをつくっていた。それで、やっぱり、勝ってるチームは理念を掲げてるんだなと。倫理法人会の仲間からも『理念は絶対あったほうがいいよ』と言われていたので、じゃあみんなでつくろうかと。倫理法人会に入ったのは2010年なので、ちょっとたってからですけどね」

当時の選手たちと相談して決めたのが、『Do for others』という言葉だった。その年の夏、聖愛は青森県大会決勝で光星学院（現八戸学院光星）に3対5で敗れている。夢の甲子園が目前で消え、勝ちたい気持ちがいっそう強くなっていた。勝利を渇望する状態だったのになぜ、「他者への貢献」「誰かのために」という言葉が浮かんだのか。その裏には、こんなエピソードがあった。

「親父が死んだとき、最後に声を振り絞って私に伝えたのが、『原田一範、聖愛高校野球部のために頑張れ』という言葉だったんです」

原田監督は2011年3月12日に父・順一さんを亡くしている。それは、順一さんが息を引き取る数日前のことだった。病状は重く、声も出ず寝たきりの状態の父が、ベッドから息子を呼んだ。

「親父が手を伸ばして、私の手をつかんだんです。そして、出るはずのない声で泣きながら『原田一範、聖愛高校野球部のために頑張れ』と言ったんですよ。しゃべったのは、それが最後でした」

その言葉が、頭から離れなかった。

「普通だったら、『一範、野球頑張れよ』って言いますよね。なのに、なんで『聖愛高校野球部のために』と入れたのかなって。『聖愛高校野球部のために』をつけたということは、自分中心で野球をやってきている、自分中心で生きてきている自分への戒めの言葉なんじゃないかなと思ったんです。もっと人のために働ける人になれってことなんだなと。あれで目が覚めましたよね。それまでの私は、全部自分の思うようにやっていた。キャッチャーにも1球、1球サインを出して、完全に自分が勝ちたいという気持ちだけでしたから」

父親からの最後のメッセージ。そのひとことから生まれた理念の言葉が、やり方を180度変えるきっかけになった。

「Do for othersはキリスト教の言葉で、（Do for othersを教育理念とする明治学院大学OBの）太田先生がよく口にする言葉でもあったんです。とにかく人のために、みんなのために。利他、他者貢献という意味ですね。『**人のために働けるような人になろう。自分が、自分がじゃなくて、人のために働ける野球部を目指していこう**』と」

なんのために野球をやるのか。何を実現させるのか。チーム全員がこの共通認識を持っているから、チーム一丸になれる。一枚岩になれる。聖愛の選手たちが能力以上の結果を出すのは、チーム理念があるからなのだ。

第2章

自立した心を育てる

――子どもが自ずと動くための仕組みづくり

12 練習メニューを選手に決めさせる

やり方を180度変えたのは試合だけではない（ノーサイン野球。143ページ）。練習も、だ。それまでは原田監督がすべての練習メニューを決めていたが、選手たちに考えさせるようにした。

「これもきっかけは親父のひとことですね。**選手たちに考えさせて、自立させよう**と思って始めました」

バッテリーリーダー、バッティングリーダー、走塁リーダー、トレーニングリーダーなど各リーダーがそれぞれ考えた案を練習リーダーに上げ、それらをまとめたものを練習リーダーが原田監督に提案する。

「練習メニューと練習の目的、練習の成果の定義まで必ず書かせるんです。それを持って来るんですけど、まぁ、『いい』と言うことはほぼないですね。ほぼ却下。必ず何回もやり直しですね。持ってきたら、『なぜなぜ？』と訊くんですよ。『なんでこの順番なの？』『これは今やらないとダメなことなの？』『他にもっとやらないとダメなことあるんじゃないの？』とか。私にかなり突っ込まれるので、練習メニューを提案するのは結構しんどいと思いますよ」

考えさせるといっても、好きな練習をさせるわけではない。必要なことを必要な時期にやる必要があるからだ。

「**練習メニューを考えるときの大原則が時期別、環境別、個別です**。これを絶対忘れないこと。今はどんな時期なのかを考える。夏の大会直前に振り込みをしてもダメじゃないですか。環境というのは場所と人。球場を借りているのに、そこでゴロ捕球だけ練習してもダメですよね。絶対、実戦練習をやったほうがいいじゃないですか。（ファウルグラウンドの広さ、フェンスの跳ね方など）球場で確認することをやったほうがいいじゃないですか。人も大事。加藤さん（友樹。投手指導の専門家。123ページ）が来ているのにずっとバッティング練習してもダメじゃないですか。あとは個別ですね。人によってやるべきことは違うんですから、全体で決まっている技術練習はダメですよね」

時期を活かせ、場所を活かせ、人を活かせ。これを口酸っぱくして伝えている。

「これらを基準にして練習メニューを組んでくださいと言ってやってますけど、高校生なのでなかなかうまくいきません。特に新チームの最初なんて全然ダメですよ。3年生ぐらいになって、やっとわかってくるかなという感じです」

監督が考えていることと選手が提案してくるメニューがまるで違うようであれば価値観がずれているということ。評価基準が一致していないということ。何度もすり合わせ、監督と選手の頭の中が同じになってくると、自然といい練習ができ、チームも成長していく。

練習メニューは前日に共有され、グラウンドではベンチ前のホワイトボードに記入されるが、多くのチームと異なるのが、時間配分が決められていることだ。何時から何時までが投内連係、何時から何時までが内外野の連係、何時から何時までがパート練習と開始時間と終了時間が設定されている。

「**限りをつけないとダメ。カウントダウンにしないと危機感が出ない**ということです。『この練習はこの時間内に完成させないとダメなんだ』と危機感を持ってやってほしい」

仕事でも最初から「残業ありでいいよ」と言っていると、ダラダラしてしまう。逆に、夜に飲み会が入っていれば、意地でもその時間までに終わらせようとする。

「アメリカは労働環境が保障されているので、5時まで仕事といったら、1分でも過ぎたら訴えられるんです。なので、タイムキーパーの人がストップウォッチを持って『あと何分で仕事終わりです』と知らせる。そのあとは仕事をしてはいけないので、5時になったらスパッと終わるらしいんですよ。そんな危機感があったら、時間に縛られて期限があったら、その前の仕事ってめちゃくちゃ集中力を発揮すると思うんです。生産性が上がりますよね。（できずに）気持ち悪く終わっても、次の日につながりますしね」

未完了で終わったものは、完了した仕事よりもよく覚えている傾向がある。これが、行動経済学でツァイガルニク効果と呼ばれるものだ。中途半端で終わったものは心に残るため、「できなくて悔しい」気持ちが膨らむ。その気持ちが「できるようになりたい」と自主練習をしたり、翌日、「早く練習したい」と思うことにつながるのだ。そうなるのは、時間が設定されているからこそといえる。

もちろん、時と場合によっては、時間関係なく「とにかく今日はこれを覚えるまでやろう」ということもある。

「**時間制限を取っ払って、納得いくまでやるぞというときももちろんあります**。それもないとダメだと思います」

カバーリング、バックアップの動き方などは知らないと試合ができない。覚えなければいけないことは、覚えるまでTY=とことんやる、徹底してやる。時期や環境を考え、使い分けることが必要だ。

もうひとつ、聖愛ならではの特徴が練習開始前のミーティング。ホワイトボードには練習メニューだけでなく赤字で目的、青字で成果の定義が書かれており、練習メニューが切り替わるたびに「次の練習は何を目的に何を意識してやるのか」を確認してから入る。

「練習前のＪＫ＝準備と確認が大事ですよね。全国の高校を見ても、目的と目標の違いを言えない人はいっぱいいると思います。大人でもいると思います。目的と目標は同じように感じますけど、全然違うんですよね。みんな何回やるとか、何本やるとか手段が目的化してしまっている。それよりも、**『なんのために』という目的のほうが大事**です。私はよく**『目的一番、目標二番』**というフレーズを使うんですけど、これはもう絶対です。『なんのためにやるんだ』という大きな目的がないとダメですよ。その目的達成のために、『今日は何をどれだけやろう』という目標がある。**目的はやる理由。目標は目指すところ、目印**。だから、目的一番、目標二番なんです」

技術練習や自主練習が始まると原田監督は質問魔になる。

「なんでその練習をやってるの？」

「○○だからです」

「○○だからってなんでなの？　なんでそれが必要なの？」

選手との間でそんな会話がくり返される。

「トヨタの社員教育で、なぜなぜ5回というのがあるんですけど、深く落とし込んでいく訓練をするということですね。高校野球の場合、手段の目的化になっているところが多い。やることが目的になってしまっている。『なんのために』を聞かないとダメです。**『なぜやるのか』を**

練習ではメニューが切り替わるたびに、その目的や意識すべきことを選手が話して確認する

考えることが本質だと思うんですよね。よく1日1000スイングと言いますけど、それは目標重視。1000本振ることが目的になっていて、1000本振るという目標を達成するために振っているだけ。うまくなってないんですよ」

だが、多くの指導者は1000スイングさせて満足している。選手も練習をした気になっている。決して技術は向上していないのに……。

「なぜ確認しない？　指導者は『そんなこと言わなくても選手はわかってるだろう』と思ってるんですよ。絶対わかってないです。だから、聖愛では練習前の打ち合わせに時間をかけるんです。『これはなんのためにやりますか』と確認する。練習メニューは前の日に配信されていますけど、練習前、みんな集合したときに、もう一回、ホワイトボードに書いてあることを説明してからやります。その時間がもったいないと言われるかもしれないですけど、練習の内容、クオリティを上げるには絶対必要です」

意識すべきポイントがわからずやっていれば、間違った型がついてしまうことにもなりかねない。面倒くさくても、必ずＪＫ＝準備と確認。ここに時間を使うかどうかが、結局、練習時間を無駄にするかどうかを決めるのだ。もちろん、練習はやりっぱなしにはしない。

「だいたい『Plan』『Do』までで終わっちゃうんですよね。改善までいかないんですよ。振り返って、『Check』『Action』が必要。面倒でも訓練ですよ。頭を使う訓練。しつこく訓練です」

ダメな練習は何時間やってもうまくならない。聖愛は短時間練習。限りある時間でうまくなるために練習前のＪＫと練習のＰＤＣＡは欠かせない作業なのだ。

監督に決められた「やらされる練習」から、なぜ今この練習をやるのかを理解した「自分たちからやる練習」へ——。練習前後のＪＫが短時間でも大きな成果を生み出すことにつながっている。

13 練習時間はカウントダウン方式にする

40分ある、と思うか。

40分しかない、と思うか。

メニューごとに時間設定がある聖愛の練習メニュー。グラウンドには残り時間がひと目でわかるデジタルのタイマーが設置されている。

「時計を見ながら練習するじゃないですか。時計は1分、2分、3分、4分……と積み上げ式なので、あんまり危機感が出ないんですよね。それが、タイマーでカウントダウンにするとすごい危機感が出るんですよ。『あとこれだけしかない』って、集中力発揮するんですよ」

練習時間を設定しない指導者に訊くと、「終わりの時間から逆算して手を抜く選手がいるから」という答えが返ってくる。だが、これは成果を求めていないから。時間と数しか求めていないからだ。聖愛の場合は設定時間内でノルマを達成するのが目的ではなく、成果を上げるのが目的。うまくなるのが目的だから、設定時間内にできなかったことができるようにならなければその日の練習は失敗ということになる。

「タイマーを設定してやったら、スタートした瞬間、数が減っていきますよね。結局、あると思ったら危機感は出ないですよ。6時から6時40分と言ったら40分あるじゃないですか。心理的にあると思うから安心する。ないと思えば安心できない。**時間制限が常にあると思わせたほうが危機感が出る**と思います」

なぜ、そう考えるようになったのか。それには、こんな理由がある。

「言葉をなかなか言えない障害を持った人がこう言っていたんです。『なぜ人が言葉を乱暴に扱うかといったら、言葉には限りがないからだ。言葉はいくらしゃべっても減らない。しゃべり放題だから乱暴になるんだ』って。言葉をやっと言える人からすると無駄なことは言えないんですよね。限りがあるから丁寧に言葉を言うしかない。限りがあるから丁寧になる。限りがないから雑になる。お金もそうですよね。限りなく使える人は使い方が雑になるし、限りがある人は使い方が丁寧になる。時間もそうですよね。余命何か月となったら、一日一日をすごく丁寧に生きるじゃないですか。限りがあるので」

限りがあるにもかかわらず、無駄にしてしまっているのが高校生。一般的に、最後の夏の大会で引退する高校球児たちにとって、高校野球ができるのは約2年4か月しかない。毎日毎日、引退に近づいているといっていい。

「高校野球生命も限りがありますよね。終わりが決められているんだからカウントダウンしていったほうが丁寧になると思うんです。そういう意味で、**日々の活動も常に限りがあったほうがいい**かなと」

夏の大会直前になって「夏の大会まであと○○日」と掲げるチームがあるが、それではもう遅い。入学時から常に終わりを意識して無駄な日をつくらない。その気持ちを少しでも持ち続けている限り、必ず集中力は増し、成果は出る。マンネリ防止と危機感アップ。それがカウントダウン方式なのだ。

14 オリジナル日誌SPDを使う

野球ノートや野球日誌を書いているチームは珍しくないが、自チームオリジナルの野球日誌を使っているチームはないだろう。聖愛では2011年から原田監督が編集したSuccess Plan Diary（通称SPD）を使用している。

「野球ノートは以前からやっていたんですが、卒業するまでに十何冊に増えて、バラバラになるんですよ。だったら**一年に一冊、三年で三冊**にしようと。自分物語、自分史みたいなもの。一生の宝物になりますよね。一冊にまとまっていれば、1年生のときはどうだったかなとか、夏の大会が終わった日はどんな心境だったかなとかすぐ見れるじゃないですか。そういう一冊にしたいという思いがひとつ。あとは自分が自己啓発でいろいろな成功手帳を使ってみて、効果を実感していたので、高校生用にわかりやすくつくってみようと思ったのがきっかけです」

メインは毎日の行動計画を書くこと。前日に翌日の行動予定を書き、実行できたら線を引いて消す。その他には「今日の目標」「今日の気づき→それを今後どう活かしますか」「今日の貢献」「今日の感謝」「日記」といった項目がある。

「**目標がその日一日を支配する**のは絶対ですよね。年も月も週も一日一日の積み重ね。一日一生。**一日を一生と思って過ごすこと**が大事です。一日が終わったら、その日を振り返ります。人間は忘れる生き物。振り返らないと忘れてしまうんですよね。『今日の気づき』の欄には、**気づいたことだけでなく、それをどう活かすかまで書きます**。ゴミが落ちているのに気づいても、何もしなければ意味がないですよね。気づいたらどうするのかまで書く。具体的に書けると頭が整理されます。その日貢献したことを書く『今日の貢献』という欄がありますが、大人でもこれが書けない人がいます。『今日、自分ができたことはありませんか？』と訊いても、『これもできなかった。あれもできなかった』とできなかったことばかり探してしまう。本当はあるはずなのに、あるものに気づけないんですよね。**できたことを探せるようになれば、自己肯定感も上がりますし、自信もつきます**」

あらかじめ書く項目があるため、無理やりでも探さざるをえない。書くことがなければやらざるをえない。これも仕組みだ。

「生徒たちには常々『**準備や計画をしない者は失敗の準備や計画をしているのと同じである**』と言っています。毎日の目標を書き、それを評価することをくり返す。準備・実行・後始末といいますが、私は『**効果3倍の法則**』と呼んでます。**次の日の予定を立ててシミュレーション**

する。それを実行して倍、振り返って3倍。そうすることによって、一日は深くなります。書いていなければ一日はもったいないと感じますね」

厚さ2センチで書く項目の多いSPD。選手たちに訊くと、一日分を書くだけでも30分はかかるという。練習後に欠かさず書き続けるのは大変な作業だ。それでもやらせるのは、原田監督がそれだけ大事だと思っているからだ。

また、以前は全員分のSPDを集めていたが、現在は書いたページを写真に撮り、Slack（ビジネス用のメッセージアプリ）に上げるやり方に変更した。これにより、監督だけでなく、他のスタッフや他の選手も見られるようになった。もちろん、誰が提出していないかもわかる。

「提出方法を変えたのは、分厚い冊子を60冊も机の上に置けないからです。Slackならスマホでいつでもどこでも見れます。毎日全員分読みます。それを見て『最近、こんなふうに感じてるんだ』とか『体重増えたらしいじゃん』とか話しかける。それは意識してますね。意図して伝えてるからかもわからないですけど、**最近は本音を書く人が多くなってきた**と思います。今まではただ言われたことを書く、またはちょっとアピールで書いているのが目に見えてわかるのがあったんですけどね」

実は、毎日書くページ以上に原田監督が重視しているページがある。それは、「生涯の使命」

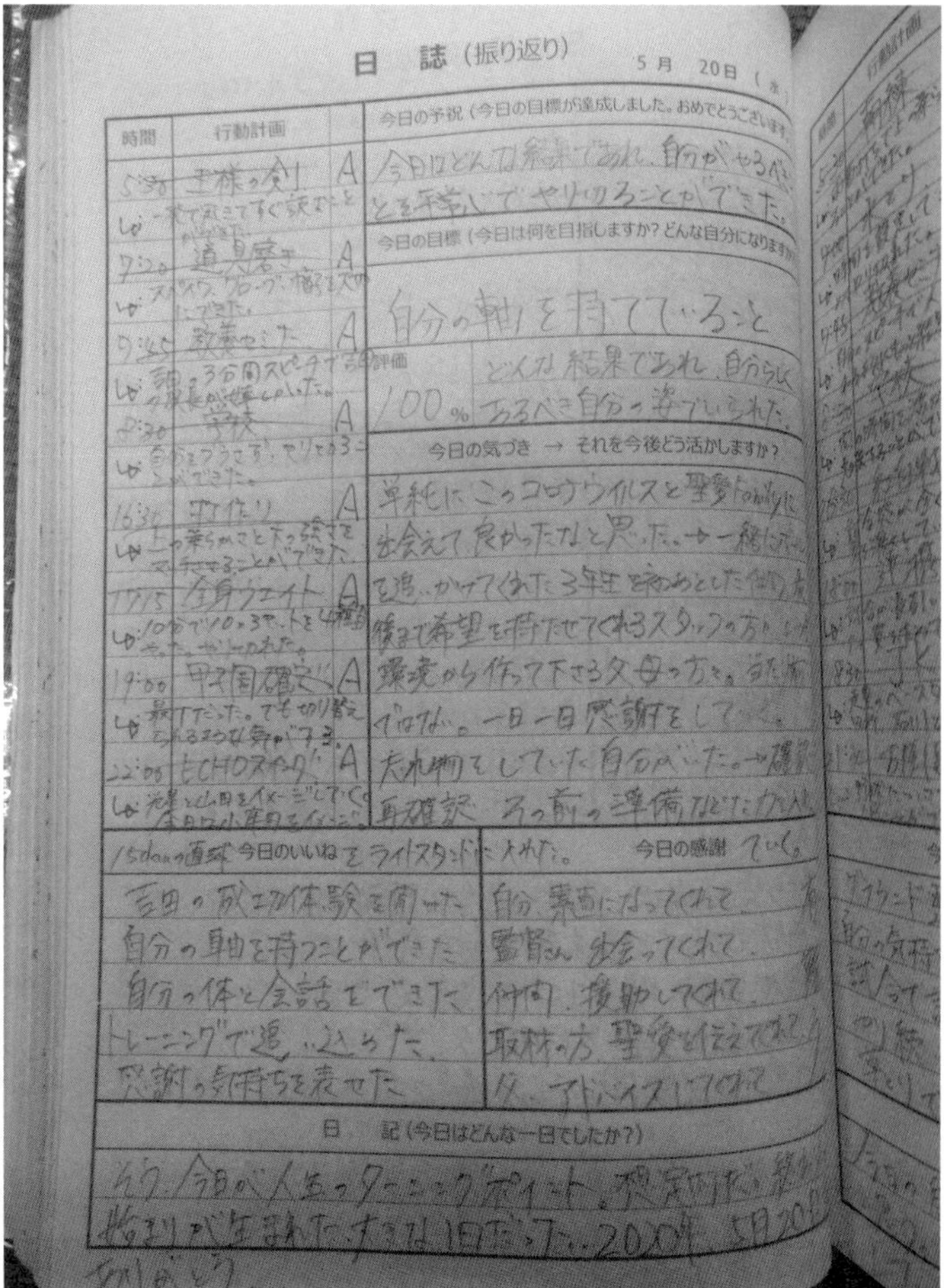

オリジナル日誌のSPD。目標や使命などを選手は手書きでびっしり記している

を書くページだ。SPDでは最初に書く項目になっている。

「1年生が入学すると、4月1、2日の2日間をかけて全員で書きます。『なんのために生きているのか』、『なんのためにに高校野球をやっているのか』。この**『なんのために』を考えるのが一番大事**なことです。これが強固であればあるほどぶれません。もちろん、1年生は書けません。先輩から教えてもらっても、『先輩がこんなことを書いてるから、こう書いておこう』というレベルです。それが、3年生になって1年生のときのものと比べるとまったく違うものになりますね。**なぜ使命が大事かというと、会社でいう企業理念にあたるものだから**です。いい会社というのは、なんのために活動しているのかという企業理念、経営理念が必ずあります。その理念を達成するために仕事をしています。それを自分自身でも持とうということですね」


この他、日誌で原田監督がこだわるのは手書きであることだ。

「今、アプリがいっぱいあるじゃないですか。結構、業者が宣伝しに来るんですよ。今日の体調だとか、食べ物は何を食べてカロリーがいくつだとか、みんなスマホで共有できますよと。スマホで打ち込めるようになって、ノートに書くより簡単にできますよといわれるんですが、私は手書きにこだわりたいんですよね。書くことをさせたい。パソコンのタイピングは脳の神経が8種類しか使われない。スマホは4種類しか使われないんですよ。でも、書くと何万種類の神経を使うっていうんですよ。とめ、はね、はらいもそうですけど、字の間隔、文字自体の感覚、行の間隔とか、書くことで無意識にすごく神経を使ってるらしいんです。脳が働いてるらしいんですよ。成功を収めている人たちは目標を書いている。打つじゃなくて、書く。だから、書かせたいと思ってるんですよね。数多く書くことはずっとやっていきたいと思ってます」

記憶力日本選手権最多優勝者の池田義博氏は、メモをするならスマホやパソコンではなく、手書きですることを勧めている。

「作業自体を通して脳にアプローチをかけ、活性化を促せるからです。結果、感情や思考が引き出されたり、整理されたり、理解が進んだり、覚えやすくなったりします」

なぜ、手書きのほうが多くの効能を得られるのかというと、指先には豊富な神経細胞があるから。

「指を多く使えば使うほど、指先の神経細胞と脳が連動し、脳の神経細胞を多く働かせることができる」（＊東洋経済オンライン『「スマホでメモ」は〝浅い思考〟量産の超残念習慣だ』より)。

「私は紙に書かないとダメだと思ってるんですよね。五感を鍛えるのと一緒ですよ。タブレットもメモとして残るんですけど、紙に書く場合は間違ったら消せるじゃないですか。消しゴムで消そうとして紙が破れたりもする。紙だと音もする、匂いもする。紙の本だったら、あと何ページあるかという肌感覚もあるじゃないですか。これがみんなタブレットになれば、五感が鍛えられないと思うんですよ。**効率を求めるんだったらタブレットでいいと思います。自分の能力に磨きをかけるんだったら『紙に書く』だと思います**」

事実、ＰＩＳＡ委員会によるＯＥＣＤ加盟29か国を対象とする調査報告では、授業中、教室でのコンピューター利用時間が長ければ長いほど学力が低下するという結果が出ている。面倒くさくても、大変でも、手書きのほうがいいのだ。

目標設定と使命、手書きの重要性がすべて詰まっているＳＰＤ。単なる日誌を超え、聖愛の選手たちの貴重な成長ツールとなっている。

15 100回言う、100回言わせる

注意されて、元気よく「はい」と返事をした直後にまた同じことをくり返す——。

高校野球に限らず、指導現場の〝あるある〟だろう。高校生の「はい」はわかりましたではなく、「聞こえました」。ほとんどの場合、とりあえず「はい」と言っているだけで理解はしていない。それは、ミーティングや勉強会に力を入れる聖愛でも同じだ。

原田監督は、あるとき妻・佳澄さんからこんなことを言われた。

「おめぇの言うことは一個もわかってねぇと思うよ」

ミーティング中の選手の表情を見ての言葉だったが、原田監督は内心「そんなことはない」と思っていた。ところが、練習でこんなことが起きた。

「二塁走者の打球判断の走塁練習をしてたんです。外野へのライナーのロングヒットの打球ですよ。そのときは右中間だったんですけど、無死、一死は抜けてからゴーでいいじゃないですか。それなのに、抜ける前に『抜けた』と思って走った。外野が追いついて捕ってダブルプレーです。外野が捕ることは考えられるじゃないですか。それと同じミスを何回かくり返したん

ですよ」

同じ話はこれまでに何度もしている。原田監督も「おいっ！　何回言ったらわかるんだ！」となった。だが、言いながら佳澄さんの言葉が浮かぶ。「はっ」と思い直し、考えを変えた。

「100回言わないとわからないんだな。だったら100回言ってやるよ」

そこから、「外野のロングヒットは抜けてからゴー。外野のロングヒットは抜けてからゴー……」と本当に100回言い始めた。

「途中から自分で数えられなくなったんで、マネジャーに『何回か数えてくれ。10回言ったら10回って言って。終了になったら終了って言って』と。5分ぐらいずっと言ってたんです。しんどかったです（笑）」

原田監督が言い終わった直後、走者が二塁に行くと選手たちからこんな声が出るようになった。

「外野のロングヒットは抜けてからゴーだからな」

そうこうしているうちに、またしても同じような打球が飛んだ。

「その打球がいったら、全員で『抜けてからゴー、抜けてからゴー』って言ってるんですよ。一回、二回、三回言うよりも徹底されると思いましたね。**ただ、聞くよりも言わせるのがいい**

なと思ったんで、その後は言わせるようにしてます」

　試合後の振り返りミーティングでも、同じ課題が二回出たら全員で100回言わせるようにした。

「ミーティングは全然進まないです（笑）。全然進まないので、SPDに『100回言ってい る時間がもったいないと思いました』と書いてる子がいました。でも、覚えないほうが悪いですよね」

　ミスをするのはしかたがない。だが、同じミスをくり返すようでは試合に勝つことはできない。わからなければ、わかるまで言う。覚えなければ、覚えるまで言わせる。そのためには、100回言うし、100回言わせるのも厭わない。普通はやらないことも平気でやる。聖愛の徹底力が生まれるのは、ここまでやるかの『KY精神』があるからなのだ。

16 教育係ではなく兄弟制にする

新人教育係。

かつての野球部にはそういわれる先輩がいた。1年生が入ってくると野球部の規則やしきたりなどを教える。教育係が複数いる場合もあるが、基本的には一対多の関係だ。指導するのにも限度があり、目も行き届かない。教育係を置かず、指導者が「先輩は後輩を指導しろよ」と言う程度では、大事な話はほとんど伝わらないといってもいいだろう。そんな問題を解消するため、原田監督が思いついたのが兄弟制度だった。

「ヒントはディズニーランドですね。ディズニーランドの本を読んでいたら、ブラザーシステム、兄弟制度のことが書いてあったんです。ディズニーランドはキャスト（アルバイト）がどんどん入れ替わる。教育係の人を決めて教育係がキャストを指導するようにしていたら、とてもじゃないけど指導が間に合わない。だから、マンツーマンの指導体制をつくっているんだと」

これに倣い、聖愛でも2020年から兄弟制を導入した。2年生と1年生でペアを組み、2

年生がマンツーマンで教育係を務める。

「1年生は何もわからないから、2年生が『これはこうするんだよ。ああするんだよ』と指導する。当たり前のことなんですけど、このときに『2年生が1年生を指導する』だとぼやけるんですよ。そうではなくて、誰が兄で誰が弟かを決める。『**2年生のA君と1年生のB君は兄弟だから、兄弟で指導し合ってくださいね**』という仕組みです。**責任はみんなにあるのではなくて一人にあるということ**」

例えば、1年生のB君が授業の提出物を出していないという場合、兄弟である2年生のA君が責任を問われる。反対に2年生がミスをした場合は1年生が責任を問われる。どちらのミスであっても、責任は兄弟同士。寝坊した場合、起こさない兄弟がよくないということ。責任の所在を明らかにするのが目的だ。

「SPDを集めていたとき、出さない子がいたんですよ。面倒くさくて書いてない子もいたんです。ありえないじゃないですか。ところが、不思議なんですけど兄弟制になってからはそれが一回もないんです。これは圧倒的にいいことですね」

兄弟のミスは自分のミス。責任が自分にあるから人任せにしない。自覚が生まれ、JK＝準備と確認をし合うようになった。

兄弟とはいえ、ずっと関係が続くわけではない。定期的にシャッフルする。
「年に三回変えるんです。第一期が4月から夏の大会が終わるまで。第二期が新チームのスタートから12月まで。第三期が1月から3月まで。同じ組み合わせにはならないので、一年間で3人と組みます。1年生で三回、2年生で三回だから六回変わるということですね。ペアを組むのは1、2年生だけで3年生は自立してくださいという立場。守破離*でいえば、3年生は離ですね」

*しゅはり＝武道や芸道において目指すべき修練の過程や段階。師の教えを乞う人のとるべき態度や考え方を示した言葉。はじめは「教えを忠実に守る」。次に「教えを土台として応用する」。最後に「教えを土台としない新機軸を見出す」。この段階を『守破離』の三語で評している。

誰と誰をペアにするかはマネジャーに案を出させて、監督が決める。
「特に1年生の4月は何もわからないので適当に組ませてしまうとシステムエラーになる。正直、ダメな人同士（だらしない者同士）が組んだらダメなんですよ。うまくいっていない場合は、ペアがミスマッチということ。よく見てペアを決めますね。それはこちらがマネジメントしないといけないと思います。だらしない先輩にしっかりした後輩をくっつけたりもしますね」

これに加え、時期によっての工夫もある。

「4月から夏の大会まではメインの時期なので、適材適所でペアを組みます。新チームも第二のメインである秋の大会があるので、適材適所で配置できるようにします。ただ、1月から3月までは違います。この期間は試合もないし、負荷をかける時期だと思ってるのであえて負荷がかかるように一番向いてない人たちでペアを組ませます。1月から3月までは、とにかくもまれろと思ってます。もがけとも思いますしね。体にも負荷をかける時期ですし、メンタルにも負荷をかけたい。チームも割れればいいし、ごちゃごちゃになればいい。そっちの方向へ仕向けたりもします。これもトレーニングなので。狙い通りの振り分けをするためには指導者が選手をよく観察しておくことが必要。マネジャーにも意図を伝えて、とにかく負荷がかかるようにペアを組ませてちょうだいと言ってます」

先述したようにペアを組むのは1、2年生だけ。実は、3年生を含めた家族制もやったことがあるが、これはうまく機能しなかった。

「家族というのは名前だけで、3人にしたことで逆に責任が分散してしまった感じがしました。それだったら3年生は離れてくださいと」

それにより、3年生は4月から夏の大会まで自分のことに集中することができるというメリットもある。

「**今の子たちはとにかく関わりが薄いので、マンツーマンで関わる仕組みをつくっている**ということ。年間3人だけですけどね。卒業するときにみんなで寄せ書きするんですけど、兄弟だった人にはだいたい『兄へ』とか『兄弟として』みたいなメッセージを書いてますね」

スマホやゲーム機の普及、遊ぶ場所がなくなるなど幼少時から大人数で遊ばなくなった。一人で遊ぶことも多く、他人に興味のない子どもが多い。だが、兄弟制なら少なくとも兄弟については関心を持たざるをえない。兄弟のミスは自分のミスになるため責任感が生まれる。野球はチームスポーツ。自分がいいプレーをしても仲間がミスをすれば負けてしまう。自分さえよければいいという心を消し、仲間を助け、成長させるためにどうするかを考える兄弟制。ここには、選手たちが大人になるための要素が詰まっている。

17 キャプテン制は廃止し、全員リーダー制にする

「(試合に出る)9人がみんなキャプテンならば、もっといいチームになる」

取手二高と常総学院を率いて日本一3回の木内幸男監督はそう言って複数の選手にキャプテンを経験させていたが、実際にはなかなかうまくいくものではない。監督の期待通りのリーダーシップを取れないため、怒られる回数が増える。指導者はどうしてもキャプテンに厳しくなる傾向があるため、負荷がかかりすぎてしまうことにもつながる。

「自分の失敗談でもあるんですけど、全責任をキャプテンだけに負わせて、キャプテンをめちゃくちゃ叱ってしまっていました。それによって、つぶれるわけではないんですけど2022年は丸岡(昴太郎、22年のキャプテン)が本来のポテンシャルを発揮できなかったと思うんですよね。もちろん、そこでキャパシティが大きくなってキャプテンが成長するということもあると思うんですよ。全責任を負わされて自分ばっかり叱られますから。でも、それだったら、**みんなをリーダーにしたほうがみんな成長するな**と考えました」

原田監督が採った策はキャプテンの廃止。23年のチームからはキャプテンをなくし、全部員

がなんらかのリーダーを務める〝リーダー制〟に変更した。

「全員がリーダーをすることで全員にちゃんとした責任を負わせようと。それが一番いい。それが一番ＪＫ＝持続可能な組織というのが一番いい。**一人ひとりが自立して、それぞれリーダーとして活躍する組織**というのが一番いい。それが一番ＪＫ＝**持続可能な組織づくり**になるんじゃないかなと思うんですよね。これからの時代は**分散型自律組織が主流になってくる**と思うので」

分散型自律組織はＤＡＯ（ダオ＝Decentralized Autonomous Organization）といわれ、特定の所有者や管理者が存在せずとも、事業やプロジェクトを推進できる組織を指す。部員は必ず何かのリーダーにならなければならないため、まずは部員数分の部門をつくることから始まる。

「必要だと思うリーダーを子どもたちに考えさせます。彼らが上げてきたのを見て、『これは必要ない』というのをこちらではじきます。そしてまた考えさせます。中には『これは二つに分けたほうがいいんじゃない？』というものもあります。選手から上がってきた中には道具・環境リーダーみたいなのがあったんですけど、それは道具確認リーダーと環境整備リーダーに分けました」

そうやって誕生したリーダーは朝の勉強会を仕切るモーニングリーダー、木鶏会（＊月刊誌『致知』をテキストに人間学を学ぶ勉強会）の企画・運営をする木鶏リーダー、グラウンド整備を担当する聖愛園芸リーダー、内野手の練習メニューを決める内野手リーダーなどだ。

「例えば、ファッションリーダーなら、服装、眉毛、髪型のルールに違反している人がいたら怒られる。見回って注意をしているかどうかはわかりませんけど、どうであれ、違反者が出たらリーダーの責任になります。メディカルリーダーはメディカルボックスの中のものがなくなったら補充したり、使い方を指導したりするのが仕事。テーピングを余計に使う子がいますからね」

担当が決まっていることで責任の所在が明確になる。仕事をしていなければ「誰がサボった?」ではなく、特定されるため手を抜くことはできない仕組みだ。また、試合のない冬の期間はリーダーを変更。兄弟制のやり方と同様、トレーニングとして最も向いていない部門のリーダーを担当する。

キャプテンを廃止して、試合のときはどうするのかという疑問を持つ人がいるかもしれない。聖愛では、こうしている。

「(〝全員リーダー制〟の一つとして)ゲームリーダーもいるんですけど、ゲームリーダーが試合のときのキャプテンというわけでもないんです。23年のチームは菊池成がゲームリーダーを務めながら大会のプログラムでも二重丸がついて(キャプテン登録で)、じゃんけんをしに行ったりしてました。ですが、今度の24年のチームはゲームリーダーが夏目(華向)、試合のと

朝の勉強会ではモーニングリーダーが仕切って意見を交換。全員がなんらかのリーダーになることで、みんなが成長する

きに二重丸をつけてるのはミーティングリーダーの貴田（光将）です。特にどうやって決めるというのはなく、自然ですね。私の中では、じゃんけんが強いヤツがいいかなというぐらいで誰でもいいと思ってます。逆にいえば、二重丸をつけてる人の仕事はじゃんけんで勝つこと、先頭であいさつをすること、取材対応ぐらいじゃないですか。甲子園に行けば（役所等に）表敬訪問があるのでしゃべれるヤツがいいかなと思いますね。あとは顔（笑）」

ただでさえリーダーシップのある選手がいない時代。先頭に立って引っ張る存在のキャプテンがおらず、チーム運営には支障をきたさないのだろうか。

「私も絶対的に引っ張っていくリーダーがい

ないのがデメリットかと思ったんですが、23年、24年のチームには圧倒的にリーダーシップをとっている選手がいるので関係なさそうです。『お前がキャプテンだ』としなくても、リーダーシップをとるヤツは出てくるものなのかなと」

昔と違い、兄弟が少なくなって親が手厚く面倒を見てくれる時代。何かあっても、誰かがやってくれる、誰かが手伝ってくれると思いがちだ。だが、それでは成長しない。気づく力も生まれない。自分の担当だけでも、やるべきことをやる。全員リーダー制が選手たちの自立を促している。

18 ポイント制を採用する

楽天ポイント、Tポイント、dポイント……。

今の世の中はなんでもポイント制だ。日常生活からポイントを集めるのが当たり前になっているのだから、それを利用しない手はない。聖愛野球部でも2023年の4月からポイント制を採用。誰かを助けたり、手伝ったり、感謝されたりしたときに〝貢献ポイント〟が得られるようになっている。

「(筆者が主宰する)タジケンオンラインサロン内で**見える化、ポイント制がいい**という話があったじゃないですか。その影響があるのと**Do for others**です。**チームに一番貢献している人が得をするチームの風土をつくりたい**ということで始めました」

選手たちは投票用紙に無記名でポイントを与えたい選手を記入。「バッティング練習のときにアドバイスをもらった」「データを詳しく教えてくれた」などチームに貢献したと思う理由も書いて提出する。

「最初は人を選ぶだけだったんですけど、リーダーとか立場でポイントを得る人も出てきてしまった。それで、もう少しよくするにはどうしたらいいかと考えて、コメントを書かせるようにしたんです。理由がわかれば、本人も『これが評価されたんだ。これで貢献できたんだ』とわかる。逆にいつもポイントがもらえない人は、どんなことをすれば貢献できるのかがわかる。みんなが貢献する風土をつくる仕組みですね」

ポイントはマネジャーが集計し、Slack内で発表される。誰が何ポイント獲得したかが見える化されるため、貢献している選手は自己肯定感が高まる。逆に貢献していない選手は「オレも何かしなきゃ」という危機感が生まれる。

「ポイント制を導入した結果、何かで貢献しようという空気感は出てきてますね」

ポイントは貯めるだけでは面白くない。ポイントが多い人が得をする仕組みがなければならない。原田監督が考えたのが春の大会で好きな背番号を選べる権利だった。

「ちゃんとした基準をもとにメンバー20人の選考は私がしますけど、**背番号は貢献ポイントが高い順に選ぶことができる**ようにしました」

一般的には背番号6をつけるショートの宇野琥太朗が「2015年に三沢商業が夏の甲子園に出たとき、背番号1をつけてショートを守っていた選手がいてカッコよかった」と背番号1をつけた。エースナンバーを背負いながら登板しない宇野を見て、報道陣からは「いつ投げるんですか」と何度も質問されたが、そんな常識を変えるのも原田監督が意図したことだった。

「ポジションで背番号が決まっているのは高校野球と中学野球だけですからね。『なんで？』と疑問に思ったんです。なので、違うのも面白いかなと。やっぱり1が人気ありますよね」

背番号以外にも、何かを決めるときに貢献ポイントが高い順から決めるのが定着している。キャプテン廃止によって始まったリーダー制も、貢献ポイントが高い順からどのリーダーがいいか選択できるようにしている。今後は、あらゆることで貢献ポイントの高い選手が得をする仕組みをつくっていく予定だ。

「やれ」と言ってもやらないのが高校生。「はい」と言ってもわかっていないのが高校生。だからこそ、やらざるをえない仕組みをつくる。やれば得をする仕組みをつくる。そのひとつがポイント制なのだ。

19 立候補&究極の見える化投票をさせる

究極の見える化といっていい。

大会のベンチ入りメンバーを投票で決める学校は珍しくないが、聖愛のそれは独特だ。まずは、背番号がほしい人が立候補。番号ごとに立候補者が自分で自分のプレゼンをしてアピールする。その後、立候補者は後ろを向き、他の選手たちは自分が投票したい選手のところに並んでいく(並ぶと時間がかかるため挙手で実施することもある)。

投票の権利を持つのはベンチ入りメンバーに立候補する選手だけに絞っている。夏の大会の場合、入学したばかりの1年生はチームのことも、先輩たちのこともよくわかっていないからだ。

「『プレゼンでの意気込みだけではなくて、これまでの取り組み方を見て、背番号○番にふさわしい人のところに並んでください』と言っています」

無記名投票ではなく、目の前に並ぶため誰が誰に投票したか一目瞭然。立候補しても一票も入らないこともあれば、仲がいいと思っていた人が別の人に投票することもある。ある意味、残酷ともいえるが、高校生にとってはそれが深い気づきになる。

「レギュラー番号はだいたい決まってくるじゃないですか。例えば、『彼しか試合に出ないだろう』というレギュラーキャッチャーと控えキャッチャーという場合、控えでもとりあえず立候補するんです。でも、一票も入らないんですよ。これはつらいと思います。だからといって、最初から二桁番号にしか立候補しない選手もいる。それもどうかなと思いますよね。そういうチームは弱いと思います」

同じようなケースでも、こんなこともある。

「『絶対、背番号2はこの人しかいないよね』というときに一人か二人、控えキャッチャーのところに並ぶこともあるんですよ。そうなったらレギュラーキャッチャーに言いますよ。『見てみろ。誰がどう見ても背番号2はお前しかいないと思うんだけど、並んでない人が二人いるよ』と。反対に、どう考えても一人も入らないだろうという選手に二人入った場合は、『この二人はお前のことを信じて来てくれた。それを忘れるな』というような話をしたりします」

評価は自分でするものではなく、他人がするもの。評価が見える化されることで、自覚が生まれたり、足りない部分に気づかされたりする。

また、立候補制にすることで、こんなことも起きる。ベンチ入りメンバーの実力がありながら、立候補しない選手が出てくるのだ。

「3年生でも立候補しない人が何人もいました。『お前、なんで立候補しないの？　代走として使う予定だったのに』という選手が立候補しなかったときもありました。自信がないんだなと思いましたね。その投票のあと、次の代の選手たちには『あそこで**立候補できないぐらいの努力だとダメ**だよね。2年3か月かけて、親にたくさんの時間とお金を投資してもらって、立候補できないぐらいの取り組みじゃダメでしょ。最後、あの場面で船に乗る立候補をするために、日々を積み重ねろ』という話をしましたね」

ちなみに、投票前には原田監督から投手枠は4人、捕手枠2人、内野手はレギュラープラス3人などポジション別の人数枠を提示。ポジションが偏らないようにする。

「あとは、スタッフ（指導者）として、ほしいところもあるので最後にスタッフ枠を2つ残しておきます。そこはスタッフ枠と言いきってますね。スタッフ枠には選ばれた18人を見て、足りない部分を入れます。代打、代走とか、もう一人ピッチャーほしいなとか。戦力的には十分だから元気枠とか。ただ、スタッフ枠にはしていますけど、19番、20番に入りたい人には出てきてもらって、一応投票をさせます。『その数だけは参考にする』と言います。いくらスタッフで入れたいと思っても、投票がゼロだったらダメですからね」

実施する際の注意点としては予告なしにやること。突然言われても想いのこもったプレゼンができるかどうかを見ることができるし、下工作の防止もできる。

「この方法は私がエネルギーを使いますね。彼らはかなりの想いを持ってやるので、こちらも想いを持ってフィードバックしてあげないとダメなんです」

自分への評価が見える化されるだけではない。チームへの想い、大会にかける想いを口にすることで自覚と覚悟のＪＫが生まれる。チームの代表として大会を戦う誇りと責任。それらを芽生えさせるのが、立候補制なのだ。

20 あえてフリーにする

思考停止。

野球部で活動しているとどうしても何も考えないですむことが多くなる。遠征に行くのもみんなでバス移動がほとんど。時間になれば、弁当や食事が用意される。多くの学校がそうしているが、それが高校生の成長の機会を奪っているのは間違いない。

24年の1月には仙台育英からドラフト3位で阪神入りした山田脩也が実家のある埼玉県から兵庫県にある阪神の寮・虎風荘に向かう途中、阪神電車に乗り換えができず到着が30分遅れるという報道があった。山田は「一回、大阪に行くとは思わなかったです」。新幹線で新大阪駅に到着後、大阪駅まで移動して阪神電車に乗り換える必要があったのだが、それがわからなかったのだ。スマートフォンで調べなくても、中学生でもわかるようなことが高校を卒業する年になってもできない。これは、恥ずかしいことだ。

「6月に東北高校で、慶應と3校で練習試合をしたとき、慶應の生徒は現地集合、現地解散だったんですよ。それを見て、やっぱりこれだと自立するよなって思ったんですよ」

神奈川から宮城への遠征。野球部全員でバス移動するのが普通だろう。だが、慶應はバスでの移動ではなく、個々での移動。新幹線に乗って仙台まで来ていた。だが、何もかも自由というわけではない。移動のスケジュールは任されているが、服装は指定されている。私服ではなく、学生服着用。慶應の野球部員として自覚を持った服装や行動が求められる。

ちょうど同じぐらいの時期に筆者の主宰するタジケンオンラインサロンで試合会場まで全員でバス移動するメリットとデメリット、現地集合するメリットとデメリットが話題になったこともあり、原田監督は動いた。

「弘前は車文化なんですよね。電車は30分とか一時間に一本。バスなんか、もっとないですから。家が遠ければ車で送り迎えしてもらわなければ、なかなか来れない。チームで動くときには絶対バスなんです。仕方がない事情はありますけど、自立ということを考えるとよくはないですよね。それで、西中（裕也部長）先生と話して、すべてではないけど現地集合をやってみようかと。愛球チームが（電車移動が可能な）五所川原高校や木造高校と試合をするときに、親にも意図を伝えて送らないようにお願いしてやりました。ただ、集合時間は決まってるじゃないですか。電車の本数が少ないんで、結局、みんな同じ電車に乗って行くんですよ（笑）。でも、いい経験だなと思います。普段は使うことがないので、彼らは切符の買い方もわからないんですよ。ＩＣカードは弘前しか対応していないですしね」

ＩＣカードでタッチするだけで改札を通れるようになり、運賃を確認することはほとんどなくなった。もちろん、切符を買うこともほぼない。筆者は以前、神戸三宮駅で甲子園出場校の選手たちと一緒になったことがあるが、彼らは券売機で一度に複数枚の切符が買えるのを知らず、一人一枚ずつ買うため長蛇の列を誘発していた。悪気はないが、迷惑をかけているのは事実。だが、それを教えてあげる人がいなければ、自分たちが迷惑をかけていることにすら気づかないことになる。

昔よりも子どもの数が減り、親がなんでもやってあげる時代。だからこそ、あえて自分たちでやる場をつくる必要がある。聖愛では、遠征時にこんなこともする。

「出発が朝早かったり、到着が夜遅くなったりしてホテルが食事を準備できないことがあるじゃないですか。そういうとき、今までは野球部で弁当を手配していたんですよ。それをフリーにするようにしました。『自分で朝食をとって、出発時間に間に合わせてください。夜ごはんを外で食べて来て、9時の点呼までに帰ってきてください』とか。自分たちで考えてごはんを調達してくださいと。そうすると朝ごはんにファストフードのポテトを買って来る子がいるんですよ。修学旅行気分です。うちはチームで栄養指導をしてもらっているので、『そんなもの食べるな』なんです。それだったら、コンビニに行って栄養ある、脂質の低いおにぎりなんかを選んで食べるべき。それがアスリートとしてストイックになるための選択の仕方だと思うんですよね。そういうこともあるので、やるべきだと思います」

そういう例があれば、いい教材になる。全員に共有することで、次回からやるべき行動がわかるようになる。

「『今年最後の遠征の最後の食事なのに、集大成がファストフードのフライドポテトか?』と指導します。『栄養指導を受けているのに、全然、一個もわかってないじゃん』と。**フリーにするからこそ見える課題**ですよね。**考えさせる訓練**を結構してます」

何もかも準備されていれば、考えずにすんでしまう。思考停止でも物事は進んでいってしまう。それでは成長しない。気づきもない。準備してあげるのではなく、考えて行動せざるをえない状況をつくる。それが、指導者の仕事なのだ。

21 多くの大人と接する機会をつくる

関わっている大人の人数が多い。

これが聖愛野球部の特徴だ。野球部のホームページにはメインスタッフ、メンタルブレインスタッフ、メディカルスタッフ、フィジカルスタッフ、スキルスタッフ、JKスタッフ、OBスタッフと項目ごとに計24人ものスタッフが紹介されている（24年3月現在）。間違いなく日本屈指のスタッフ数だ。

「ここはチーム運営するうえで大きな部分ですね。重要視してます。菊池雄星も言ってましたけど、早いうちから志の高いたくさんの大人と触れておくことが子どもたちを成長させると思っているので。**〝何をやるか〟ではなくて、〝誰と一緒にいるか〟が大事**だと思っているので、志が高く専門性のある大人と触れる機会を多くしてます」

スタッフが多いということは、それだけ任せる部分が多くなるということ。監督の仕事が減ることにもなるため、「権威が下がる」と嫌がる人もいる。

「自分で持っていないもの、自分ができないことを自分でやろうとすることが必敗法とわかったので。**できる人に任せる、お願いするのは当然のことだと思います。そのほうがいいものが生まれる**に決まっているので。ただ、若いときは自分の手柄にしたいので、なかなかできないと思います」

スタッフの中にはその分野では日本一クラスの人もいるが、トラックマンを使用して投手を指導する加藤友樹コーチもその一人だ。

「遺伝子検査をして個々に合った指導をしてくれるのは大きいですよね。投手の指導でも、日本のトラックマンの販売責任者の方が『トラックマンの数値を見る人はたくさんいるけど、その数値がこうだからフォームをこうやってみてと指導できるのは日本で加藤さんしかいない』というぐらいの人。さらに遺伝子的に見て、その投手に合う球種を教えてくれる。遺伝子で合う球種、合わない球種が決まってくるんです。遺伝子検査、トラックマンの両方なので、かなりレアだと思いますね。月一回来てもらってます。間違いなく個々のクオリティは高くなってると思いますよ」

もちろん、選手個々の能力向上やチームの成長、勝利のために多くのスタッフに依頼しているが、原田監督の狙いは別にもある。

「これからは**VUCA**（ブーカ）の時代（V＝Volatility：変動性、U＝Uncertainty：不確実性、C＝Complexity：複雑性、A＝Ambiguity：曖昧性の4つの単語の頭文字をとった造語。先行きが不透明で将来の予測が困難な状態）。今よりも、もっと情報過多になる時代が来るじゃないですか。その中で**必要な能力は、戦略的学習力**といわれています。今の自分や未来の自分にとって、何をすれば成長できるのか、**戦略的に取捨選択する状況判断能力**のことです。なので、あえていろんな人たちに来てもらって、いろんなことを言ってもらってます。そこでよくあるのが、『みんなにいろんなことを言われて、どうすればいいかわかんない』ということ。でも、そんなことでは、これからの世の中は生きていけないよってことなんですよ。その中で自分で合うものを見極めて、見立てて、取り入れて成果を出していく。その訓練をしてるということです」

なんでも与えられた時代は終わった。むしろ、今は与えられすぎている時代。自分でもスマートフォンで手軽に情報を得られるだけに、どれを取り入れ、どれを取り入れないか。選択する能力こそが、最も必要なことだともいえる。

「黙ってても情報は入ってくるので、**捨てることはめちゃくちゃ大事ですよ。捨てるのが先。覚悟とは、捨てること**。決断もそうですよね。断つことを決めることですから。私は2020

年に断捨離じゃなくて全捨離したんですよ。全部捨てました。高校のときのアルバムとかユニフォームとか、（13年に）甲子園に行ったときのものとか、過去のもの全部です」

取っておくかどうかの基準は、3か月以内に使ったかどうか。自分の部屋の中を見渡し、3か月使っていないものは全部捨てた。

「ものは使って生きるもので、使ってないものは死んでいるもの。死骸と一緒に住んでるということになるんですよ。死んでいるものと一緒に生活しているので、その場には運気が入ってこないんです。全部捨てるといい意味でこだわりがなくなりますね。捨てたもので代表的なのは、『本気の朝礼』じゃないですか。朝礼といえば、聖愛の売りでもあるし、みんなに認められて評価されてたものでもある。コロナ禍というのもあったんですけど、これも自分のこだわりだなと思ってやめました。**こだわりを持つことが大事だと言いますけど、こだわりを持ってるからチャレンジできない**と思うんですよ。だから、**こだわりを捨てるのは大事**だと思います。こだわりを捨てるためにいろんなものを捨てる、というのはありですね。実際、全部捨てたら（21年夏に）甲子園に行きましたから」

何を捨て、何を残すのか。多くの大人と接すれば、表現は違っても言っていることは同じということは多々ある。別の人から聞いた話をつなげる能力も必要になってくる。

「これだけの人たちをそろえたのはここ最近です。もちろん、勝ち負けもありますけど、一番指導の答えが出るのは卒業後だと思ってるんです。志の高い大人と接した彼らが、卒業後にどんなふうになっていくのかを楽しみにしてます」

22 他校と交流する

きっかけは、コロナによる遠征中止だった。2022年の3月。関東遠征で慶應と練習試合をすることになっていたが、学校の許可が出ずに不可能になってしまった。その旨を森林貴彦監督に連絡すると、こんな提案があった。

「オンラインで交流しませんか?」

選手は選手同士、指導者は指導者同士でZoomを使って交流会をすることになった。4〜5人のグループをつくり、ブレイクアウトルームで20分間話す。ポジション別、学年別などグループを変えながら、トータルで約1時間半交流した。

「そのとき、うちの生徒が慶應の子たちよりもリーダーシップを取ってたんですよ。慶應の子たちがちょっと圧倒されている感じがあった。向こうも『聖愛はすごく積極的で、リーダーシップがあるな』と思ったらしいんです。そういうフィードバックをもらうと、うちの子たちも自信になるじゃないですか。逆にうちの子たちからすると『やっぱり頭のいい人たちは言葉の使い方が違うな』とか『言葉を覚えるっていいんだな』とか、そんな感じなんですよ(笑)。お互い異文化に触れることですごい刺激をもらったんです」

これをきっかけに翌年には中京大中京とマネジャー同士で交流会をするなど普段はなかなか会えない遠方の学校との出合いを楽しんでいる。

「要は**異文化と触れることが大事**なんですよ。たまに『君はなんで野球やってるんだ?』って思うような学校もあるじゃないですか。ちょっと茶髪だったりして。そういう学校ともやってみたいですよね」

高校野球の場合、練習試合をしても試合をするだけで終わり。相手とは特に会話もしないことが多い。それではもったいないと原田監督は、今度はリアルの場でも交流できないかを考えた。

「青森県に昭和52年生まれ(同級生)の監督が何人かいるんですけど、3チームが集まって変則ダブルヘッダーをやったときに、思い切ってごちゃまぜにしてやろうと提案したんです」

3チームの選手をごちゃまぜにして、3つのチームを編成する。同じ学校や同じポジションが多くならないようにだけ条件をつけ、5分以内でチームをつくるように要望した。指導者は関与せず、完全に選手たちだけでやらせるのがポイントだ。

「最初はもじもじしながらですけど、自分たちで話し合ってやりますね。審判も自分たちで決めて。試合をやるときの条件は必ず全員が出ること。大人は誰も携わらないので会話しないとダメですし、**コミュニケーションを取らなければならない仕組み**なんです。やってみて、これはいいなと思いましたね」

これに味をしめ、今度は東北高校にも提案してみた。1試合目は真剣勝負で試合をやり、2試合目はごちゃまぜゲーム。選手たちには事前に知らされていないサプライズ開催だったが、大いに盛り上がった。さらに、23年の6月には東北高校、慶應との変則ダブルヘッダーでも開催。お互いの真剣勝負は7イニング制に短縮してまでやった。

「前の日に指導者3人で飲みながら『明日、何する？』と打ち合わせをしてやりました。結論は、すごく価値があると思います。もちろん真剣勝負もありなんですよ。でも、それだけだともったいないというのが一番ですね。スポーツの本質は仲間づくりの手段。それは味方チームの仲間づくりだけじゃなくて、相手チームや審判、指導者も含めての手段なんですよ。そのためには交流しないのはもったいないよねということでやったんです」

野球が好きな高校生が集まって、その場でチームを組んで試合をする。言わば、野球で遊ぶ感じだ。

「うちの生徒から面白いエピソードをいっぱい聞きましたよ。慶應の延末（藍太、四番打者）君がベンチの中で心臓学の本を読んでたらしいんですよ。『試合出て、打てよ』と言ったら、

『いや、いい。今はこっちのほうが面白いから』と言ったとか。そんなことしてるのに、『わかったよ』と打席に行って、スパーンと打ったとか。そんな話に衝撃を受けたりしましたね。もちろん、真剣勝負がダメなんじゃなくて、それはそれでもちろん大事です。でも、交流も大事ということ」

チームのFacebookやInstagramでも〝ごちゃまぜゲーム〟のよさを発信しているため、最近は練習試合の相手から「2試合目はごちゃまぜゲームで」と要望されることも増えた。

「今の子どもたちって、コミュニケーションを取れないじゃないですか。関わりも浅いじゃないですか。コミュニケーションをリアルで取らざるをえない仕組みをつくってやるということ。**ごちゃまぜゲームはチーム編成からやらせるので、コミュニケーション能力が高まります。関わりを深く持つことの大切さを訓練している感じですね**。それがやる価値だと思います」

さらに、真剣勝負をした試合のあとには相手チームの選手たちとのアフターマッチファンクションも導入。対戦しての感想など忌憚なく意見を言い合う場をつくっている。

「試合した者同士でお互い振り返りミーティングを30分間します。その場では、例えばこんな話が出ます。『お前のチェンジアップ、本当に厄介だ』とか『あのチェンジアップをずっと投げてたら打てなかったのに。なんであそこでストレート投げたの？　あれは相手にしたら助かるよ』とか。それ以外にも『ピッチャーはこんなクセがあるから直したほうがいいよ』とか『なんであそこであんなポジショニングしたの。なんであそこで前進守備したの?』とか。そういうことを言い合えるんです」

自分が思っていることと相手が感じることは違う。対戦直後に相手から言われる生の声で気づかされることは多い。

「**アフターマッチファンクションでは自分たちのチームの強み、弱みを知ることができます**。相手から見た自分がわかる。これは絶対やったほうがいいと思います。これは推奨ですね。なんでやらないんだろうと思いますよ。せっかく試合したのにもったいないですよね」

昔の子どもたちは外で遊ぶのが普通だった。集まって野球をしたり、サッカーをしたり、〝ドロケイ〟や缶蹴りなどをする。ときには偶然会った子も交えて遊ぶこともあった。その際にはチーム決めなど自然とコミュニケーションを取る機会があった。だが、今は一人でゲームをして遊ぶ時代。話すのもSNSなどオンライン上が多い。便利になった反面、必要な能力が不足したり、成長の機会が奪われたりしているのは間違いない。

「指導者の仕事は自ら育てることではなくて、自ずと育つ環境づくりかなと思います。自らと自ずは同じ漢字ですけど、違うじゃないですか。自らというのは意識してやること。**自ずとい**

うのは自然にそうなること。指導者の役割は自ずと育つ仕組みや決まりづくりなのかなと思います。これも経営からの学びなんです」

人見知りの子もコミュニケーションを取るのが苦手な子もいる。だが、それは心配ない。やらざるをえない場に放り込んでしまえば、自然とできるようになる。

「しゃべれない子もいますけど、それも訓練です。数ですよ。慣れですよ。慣れてくればしゃべれるようになりますし、人見知りしなくなってくると思います。うちはしゃべる訓練もしますし、周りから『聖愛の生徒はしゃべれる』というような認知もされているので、それで自信を持って、しゃべれない子もしゃべれるようになったりしますね」

指導者の中には「うちの子は田舎の子なんでしゃべれないですよ」と言う人も多いが、原田監督に言わせればそんなことはない。

「それも大人がつくってる壁だと思いますよ。ノミの話（＊ノミは体長2～3ミリだが、体長の100倍以上飛ぶ能力がある。ところが、ふたをした瓶に入れておくとふたの高さまでしか飛ばなくなる。その後、ふたを外してもふたの高さまでしか飛ばなくなってしまう）がありますけど、本当は高く飛べるのに大人が『青森県の田舎者だからお前はしゃべれないんだ』と決めつけてるから飛べなくなってしまう。ふたが取れても、そこまでしか飛べなくなってしまうんです。壁を取っ払って、コップのふたを取っ払って見本を置いておけば、ちゃんと飛べるようになるんですよ。世間では『青森だから。雪国だから。一番田舎者でしゃべれない』って言われてるのに、うちの生徒は全国どこの学校に対しても『聖愛の子ってしゃべれるよね』って言われてるんですから」

田舎の子は訛りが恥ずかしくて話せないということもあるが……。

「それは、私が見本になってしゃべってます。王林も津軽弁全開トークで活躍してる。**しゃべるようになって自信がついてプレーが変わる選手もいる**と思います。ホント、高校生ってちょっとの自信だと思いますよ。ちょっとしたことで自信がつきます。なんでもいいと思うんですよ。そういう意味でも、交流はホントに推奨ですね」

高校生は無限の可能性を秘めている。それを眠らせたままにするのか、気づかせてあげるのかは指導者次第。自ずと育つ環境づくり。聖愛にとって、そのひとつが他校との交流なのだ。

23 開会式でパフォーマンスをする

　2023年の夏の青森大会。聖愛野球部は、高校野球界ではありえない、とんでもない計画をしていた。それは、開会式での行進中にパフォーマンスをすること。スタンドに手を振ろうというものだ。

「2023年は青森県で『新時代』がトレンドワードだったんです。県知事が20年ぶりに交代したんですよ。むつで市長をやっていた宮下（宗一郎）さんという若くてかなり行動派の人が『青森新時代』というフレーズで宣伝して当選した。『青森新時代』とくり返ししゃべってたので、そこに乗っかって高校野球も新時代だと。それでいろいろしかけたんです。キャプテン廃止、背番号自由とか。その中のひとつとして、開会式で手を振ろうという提案をしたんですよ」

　高校野球の行進といえば、「イチ、ニー」の大声に合わせて手足をそろえ、手足を大きく上げて行うのが一般的。ところが、オリンピック、インターハイ、高校サッカーなど他のスポーツイベントではこのような行進はしていない。

「高校サッカーでは、青森山田はりんごを持ったり、沖縄代表はゴーヤを持ったりしてるんです。徳島市立なんか阿波踊りをしましたからね。それなのに、高校野球だけはいつまでも軍隊式ですよ。入場行進の成り立ち、目的は知っています。しっかり足と手を合わせて、チームの統一感を出そうということらしい。それは別に否定はしないんですけど、高校野球の行進は大きな声を出して、完全に軍隊じゃないですか。だから、選手たちに『軍隊式の行進じゃなくて、自然体で行進して学校名を呼ばれたら手を振ってみようか』と提案してみたんです。『高校野球も新時代だから。キャプテンを廃止したし、夏は手を振ってみようか』と」

高校野球では前例のないこと。やるにはかなり勇気がいるが、なんと3年生たちは「面白そうですね。やりたいです」と賛成した。

「23年の3年生は、ザ・保守の集まりだったんですよ。かなり保守的な子たち。聖愛野球部の取り組みとして、思考の見える化をしてるんですけど、ほとんどの選手が保守的なんですよ。挑戦的なのは一人だけ。それが、『やりたいです』と言うのでびっくりしました。逆に開会式の前日になって、私が『本当にやるの？　もしかしたら高野連から批判されて目をつけられるかもしれない。それが審判の不利なジャッジを招くかもしれない』とびびってきた。提案したはいいものの、『叩かれるのは監督だから。やっぱり普通にやろう』って。そしたら、選手たちが『のりさん、何言ってんですか。やらせてください』という感じなんです。ほぼ全員です。

反対は二、三人だけでした」

観念した原田監督が、覚悟を決めたそのとき、信じられないことが起きる。開会式が始まり、「選手入場」と声がかかった瞬間に大雨が降ってきたのだ。行進はなくなり、開会式は全員が初めから並んだ状態で始まるやり方に変更。会長のあいさつと選手宣誓で終わり、パフォーマンスは未遂に終わった。

「決勝戦で補助をしたとき、(青森県高野連の)玉熊(康成)理事長に『実は、こういうことやろうと思ってたんですよ』と話したら、理事長は『私も高校野球はこのままだったらダメだと思ってる。やってほしかった』って言ったんですよ。『えー!? 本当ですか。じゃあ、甲子園でやっていいですか? 理事長、叱られますよ』と言ったんですけど、『やってくれ』と。そう言ってもらえたのは、うちの今までの取り組みをすごく評価してくれてるからだと思います。21年に甲子園に行ったとき、理事長はずっと同じホテルに泊まってたんですけど、甲子園が終わってから手紙をもらったんです」

書かれていたのはこんな内容だった。

『生まれて初めて、エレベーターで高校生が話しかけてきてくれた。青森に住んでいて、エレベーターでふたりきりになった高校生が話しかけてくれたことはない。聖愛はどんな教育をしているんだとすごく興味を持った。本当なら、一杯飲みながら監督に話を聞きたかった。それができなくて非常に残念です』

当時はコロナ禍の真っ最中。外出もできず、ホテル内で飲むこともできない状況だった。エレベーターで聖愛の選手が話しかけたひとことが、理事長の心を動かし、パフォーマンス容認発言にもつながった。

理事長のお墨付きをもらった開会式のパフォーマンス。果たして、実現するのか。甲子園で披露したらどうなるのか。見てみたいと思いませんか？

24 スピードゲームをする

「考えるな、感じろ」

麻雀界で20年間無敗を誇り、雀鬼といわれた桜井章一氏は常々こう言う。人間は感じる力が一番大事。牌を取ったらすぐ捨てる。考えないで、感じる。とにかく早く手を動かすことによって感性、直感力、瞬時に感じる瞬感力を鍛えようというものだ。これにヒントを得て、高校野球界でも直感を重視して試合をする〝雀鬼流野球〟というのが一部で流行した。創部5年目頃にこれを知った原田監督は早速取り入れ、その後は徐々にアレンジ。聖愛流のスピードゲームに発展させた。

野球は間のあるスポーツ。考える時間があるのが野球のだいご味だが、あえてそれをさせない。とにかく直感で動き、感じる力を磨くのを目的とする。多くのルールを設定するが、例えば以下のようなものがある。

●投手は捕手から返球を受けたらすぐ投げること。
●サインに首を振るのは絶対ダメ。

●投手のけん制は刺すけん制球だけ。ゆっくりけん制球を投げたり、プレートを外すだけならペナルティ。
●打者は見逃しのストライクはペナルティ（ファウル、空振りはＯＫ。見逃しはアウト）。
●走者は４球以内に必ずスチールすること。スチールしなければペナルティ。
●野手のポジショニングは一般的な定位置から必ず内野手は３メートル、外野手は10メートル離れて守ること。それをやっていなければペナルティ。
●３アウトになって攻守交代に30秒以上かかったらペナルティ。

「かなりスピードが速くなるんですよね。かなり急ぐので９イニング１時間で終わるんです。頭が回らなくなるんですよ。とにかくペナルティを防ぐために頑張るんです。何かあったら笛を吹いて『～したからペナルティ』と言って、最後にペナルティをやる。これで確実に**瞬時に感じる力**がついてきたんですよ」

徐々にスピードに慣れてきたところで、今度はインプットの要素を入れた。ルールを順守するだけでなく、試合中にやってほしいこと、やってほしくないことを追加した。
「例えばワンバウンドを振ったらペナルティ。カバーリング、バックアップに行ってなければペナルティ。マイナス発言をする、アウトになって下を向く、落ち込む、全力疾走していないなどはペナルティ。逆にグッドも入れたんですよ。ポジショニングでアウトにしたら、グッドポジションでペナルティを減らす。バックアップで悪送球をおさえたらグッドバックアップでペナルティを減らす。ベンチをめっちゃ盛り上げたらグッドボイスでペナルティを減らす。ゲーム感覚でできます。これを何回もやったら習慣になりますよね」

やるべきことが仕組みで強制されるので、やるべきことがわかっていない1年生やBチームにもおすすめだ。やらなければならない、守らなければいけないことは、「守破離」でいえば「守」。スピードゲームは「守」ゲームともいえる。

聖愛では練習メニューのひとつとして当たり前にやっていることだったが、コロナ禍だった2021年には思わぬプラス効果があった。

「この年の6月はコロナによって練習試合ができなかったんですよ。学校の規定ですね。八戸学院光星と青森山田はやってたんですけど。そこで、意味変更をしたんですよ。6月は本来、練習試合で実戦を積む時期なのにできない。それなら、練習試合ができないのを逆手にとって、冬のようなトレーニングをする。それで、『体力強化の6月にしよう』と。それにプラスして、スピードゲームで『とにかく瞬感力と凡事徹底力を身につける6月にしよう』と〝意味変〟して取り組んだんです。これもよかったと思います。練習試合ができないから何回もできるんですよ。スピードゲームをやったら（急ぐためにダッシュする機会が多いので）スタミナもつく。理屈でなくて、ペナルティが嫌なんでやりますからね」

習慣化、そして体力強化。やってほしいこと、やってほしくないことがあればそうせざるをえない仕組みをつくればいい。練習試合ができないことをプラスに変えた聖愛は、その夏、8年ぶりの夏の甲子園出場を果たした。

25 ノーサイン野球をする

「これは、自分に向かって言っている」

大人数の参加者がいるセミナー会場で、原田監督はそう思った。2018年3月に行われた倫理法人会主催の経営者対象の講演会。講演者の鴨頭嘉人さんはこんな話をした。

「これからの時代は、一回、一回監督の指示を見て動くような野球型の組織はダメだ。トップが指示を出して、指示待ちで動くようなメンバーでは組織は立ち行かない。これからはサッカーのように試合中に監督はサインを出さず選手が判断したり、試合中監督がグラウンドにいないラグビーのように選手が自主的に判断したりするようにならないとスピードが上がった時代には勝てない」

経営者向けのセミナー。鴨頭さんは「上司の指示待ち社員ばかりだと状況判断のスピードが上がらない」というたとえ話で言ったのだが、原田監督にはこう聞こえた。

「野球型人間はいらない。自分で動くようなサッカー型、ラグビー型人間でないとダメだ」

長年の間、一から十まで自分で指示を出してきた原田監督にとっては、思いっきり頭を殴られたような感覚だった。

「鴨さんは野球をやってる人を否定してるわけではないんです。これからはＶＵＣＡの時代で、今よりも情報が多くなってくる時代ですよね。それに惑わされないで**自分で状況判断できる人間が必要**だよと。自分に対して言われてるような衝撃がありましたし、素直にそうだよなと思いましたね。野球は、スポーツの中で一番状況判断が多いスポーツじゃないですか。状況は無限だと思うんですよ。その中で、プレイボールと同時に一球一球監督のサインを見るのはどうなのかなと。以前の自分は『打て』や『待て』のサインも出してるんですよ。『カーブ狙え』とか『ストレート狙え』とかも。もちろん、キャッチャーのサインも一球一球出してました。それだと将棋にしか見えないですよね。試合してるのは監督で、選手たちはただの駒でしかない」

子どもたちの成長を邪魔しているのは自分だ。そう思った原田監督は、驚くべき決断をする。なんと、試合中にサインを出すのをやめたのだ。

「話を聞いて、『ホント、野球って害だな』と思いましたよ。鴨さんからは『今後はＡＩが主流になってＡＩが全部やるようになる。情報過多の時代になって、たくさんの情報があるなかで、自分でベストの選択をしないといけない世の中に絶対なっていく』という理由も説明されたので。それでノーサイン野球をやってみようと」

無死で走者が出た。以前はバントか盗塁か監督がサインを出していたが、選手に考えさせるようにした。盗塁ができそうなら盗塁をするし、盗塁が難しそうなら進める方法を考える。「どうしたらいいですか?」という指示待ちから、「こういう理由でこうします」とJK=自分で考えて動く野球に変えたのだ。

当然のことながら、何をすべきかは状況によって変わる。決めるためには、「なぜ、その選択をするのか」という明確な理由がなければいけない。JK=状況を考え、JK=自信と根拠を持って、JK=自分で決断することが求められる。攻撃でも守備でも一球一球考えなければいけないため、選手たちは集中するし、気づき力も高まる。事前の準備も怠らなくなる。

「**考えさせる野球をすることによって生徒が育つんです。**これは間違いないです。ただ、勘違いしてほしくないのは、**決して自由ではないということ。**みんなノーサイン野球だから自由にやってると思ってるんですよ。そんなことはない。めちゃくちゃデータを取って、めちゃくちゃ打ち合わせをして、試合中にもめちゃくちゃ会話をしてます。試合後は、『本当にその選択でよかったのか?』をすり合わせる振り返りをしてます。**ノーサイン野球になって変わったのは、ゲームの前のミーティングの時間と、ゲーム後のミーティングの時間が長くなったこと。それと、ゲーム中の会話が圧倒的に増えたこと。**2倍とか3倍じゃないです。圧倒的にです」

ノーサイン野球はすぐにできるものではない。野球には無数の状況があるからだ。イニング、点差、ボールカウント、アウトカウント、走者の有無、打者が誰で走者が誰か、相手投手、打者の力量はどれぐらいか、風向き、グラウンド状況、相手の守備力……。それらをすべて加味して何をすべきかを選択しなければいけない。当然のことながら、野球を知らなければ考慮すべき条件を見落としてしまう。

例えば、聖愛ではアウトカウントによってどうすべきかを明確にするための〝アウトの定義〟（攻撃は一死三塁、二死二塁をつくるのを目標にする）があるが、これを知らないと二死二塁から三盗するような選手が出てくる。たとえクセがわかっていて、100パーセントセーフになることがわかっていても、この場面では自重しなければいけない。勝負どころの一死二塁で盗塁できなくなってしまう可能性があるからだ。JK＝自分勝手にやるのがノーサイン野球ではなく、JK＝事前に教育して、自チームで定めたルールに則ってやるのがノーサイン野球であることを忘れてはいけない。

「打席での役割は『出る、進める、還す』。これがわからないとノーサインにならないです。アウトの定義がわからないとノーサインにならないです。状況中心のポジショニングなのか、バッター中心のポジショニングなのか。その理屈もわからないとノーサインにならないです。

配球もピッチャー中心の配球なのか、バッター中心の配球なのか、状況中心の配球なのかわからないとノーサイン野球にならないです。でも、ただノーサインにしてしまったら、アウトの定義も何もない走塁なんて普通にありますからね。要は（野球を）わかってないんですよ。だから、**ノーサインは本質を覚えるのに最高のツール**だと思います。ただ、**デメリットは圧倒的に時間がかかるということ**です。秋には間に合わないですね。ひと冬かけて攻略本（196ページ）を元にミーティングして、ミーティングして、ミーティングして……。春になって答え合わせして、答え合わせして、答え合わせして……という感じですかね」

もちろん、どれだけミーティングをしても、どれだけ事前教育をしても大丈夫ということはない。練習試合では逐一確認作業が必要になる。

「『今のは何を根拠に走ったの？』『なんで走らないの？　今のは完全にアウトになってもいいから勝負するランナーでしょ』『今の何を根拠にバントしたの？』『なんで一塁側にバントしたの？』とか。子どもたちは私からめちゃくちゃ突っ込まれて聞かれるので、すごく苦痛だと思いますよ」

公式戦の試合中も監督がやるべきことは山ほどある。事前の打ち合わせと違うことがあったら話をして修正しなければいけないし、気づきを与える言葉も送る必要がある。

「ネクストバッターには『ランナー出たらどうする？　出なかったらどうする？』とかずっと

話をしています。ランナーが出た瞬間、『ここは送るところだぞ』とか。盗塁も一回走ったら『またクセがあるか見てみよう。変えてないから行けよ』とか『変わったからクセではもう行けないぞ』とかいう話をベンチでするんですよ。完全に監督のサインでやる野球だったら、その会話はないと思います。子どもたちもそこまで考えることもないだろうなと思います」

ノーサイン野球に取り組んで3年目の21年。聖愛は夏の県大会で八戸学院光星、青森山田を破って優勝を果たした。

「2030年にはVUCAの時代になるといわれています。今よりも、より厳しい時代だということです。そこで生き抜いていくための力というのは、自分で課題解決する力。JKだと自力で解決ですね。やり始めたときは、当然、バカにされました。『ノーサインで勝てるわけねぇべ』って。**ノーサインのいいところは、考えるようになること。思考力は間違いなくつきます**。野球教室もそうですよ。『毎週土日、野球教室やってて勝てるわけねぇべ』って。髪を伸ばしたときもそうですけど、何やるにしても常に『原田はついに勝つことをあきらめたのか』と言われます（笑）」

18年3月のセミナーを当事者意識を持って聴いた。あれこれ考えず、とりあえずやった。原田監督の持ち前の素直さがあったからこそ、ノーサイン野球での甲子園出場が実現した。

ノーサイン野球をすると、考える力が磨かれる。ゲーム中の会話も「圧倒的に増えた」と原田監督

「23年の1月に鴨さんの焼肉店に行ってお礼を言ったんですよ。『あの日の鴨さんのひとことでノーサインにしました』って。そしたら、すごく喜んでくれて次の日のVoicyで『凡人革命だ』と出してくれたんです」

鴨頭さんはブログ『かもブログ』でも原田監督についてこう書いている。

『世界に革命をもたらす唯一の武器　素直さ。1回の講演会の例え話で、「これからは野球型の指示待ち人間じゃダメだ」と僕が言った、たった一言ですよ。それが自分の教育方針を根底から変えるというこの素直さ。この素直さが革命を起こす人、行動変容を起こす人、未来を変える人、業界を変える人、そういう人たちの共通点ではないかなと思いました』

このときの鴨頭さんからの言葉が原田監督の支えになっている。

「『凡人は素直力がある。いいと思ったことはすぐやる。凡人が大成する条件のひとつだ』というようなことを言ってもらった。そう言われて、より、とりあえずやるTY精神の自信になっていますね」

ダメなものはダメと認め、素直に変える。これこそが、原田監督の最大の武器。本人曰く、「実績も何もない凡人」が結果を出すための唯一の方法なのだ。

と、ここまでで終われば理想だったが、一筋縄ではいかないのが高校生。ノーサイン野球で結果を出したことが、逆効果となってしまった。

「ノーサイン野球だと思って入学して来ている子どもたちは話を聞かないんです。『聖愛はノーサイン野球だ。指示待ち人間ではないんだ』と思っているので、指示に従うことよりも、自分で考えることが優先されるんですよ。自意識過剰のJKですね。入ってきた段階でのシステムエラーです。**まずは教え込まないといけない。自動芝刈り機（218ページ）があって、そのあとに自由になってノーサインになるんです**」

高校野球がどういうものか、聖愛野球がどういうものかもわからないのに、ノーサイン野球などできるわけがない。

「**結局は守破離**なんですよ。だから、23年の冬はまた守に戻りました。守に戻るといったら、『子どもたちは指示待ち人間なのか？』と勘違いされるんですが、そうではない。最終的には離にしたい。離になるためには、段階がある。だから初めは『自動芝刈り機になろうよ』ということからなんです」

聖愛だからノーサイン野球ができるのではない。野球を教え、価値観教育をして、判断基準を明確にする作業をしているからできるのだ。この土台づくりをおろそかにしたり、守破離の順番を守らない限り、永遠にノーサイン野球はできない。ノーサイン野球だからといって、監督が何もしないでいいわけではない。むしろ、サインを出す以上にやらなければいけないことが多いのだ。そこまでやるからこそ、自分で考え、自分で動く野球が成立する。簡単にマネできるものでは、ない。

26 髪型を自由にする

時代は長髪だ。高校野球といえば丸刈りが定番だったが、近年はそれが大きく変化している。日本高野連は5年に一度全国調査をしているが、2023年6月の調査では頭髪を丸刈りとした学校が26・4パーセント。前回の76・8パーセントから急速に減っている。聖愛もかつては丸刈りだったが、2019年の4月から髪型を自由にした。

「きっかけは今関（勝、元日本ハム。弘前市の職員として弘前市内の学校の指導に来ていた）さんに『髪型を自由にしたらどうですか？』と言われたことです。髪型を自由にしない理由を考えてみたんですけど、高校野球が丸刈りである理由が見当たらなかったんですよ。出てくる答えは『気合を入れる』。じゃあ、『高校野球以外の髪を伸ばしてるスポーツは気合が入ってないのか？　慶應高校は気合が入ってないのか？』ってことになりますけど、それは成り立たないですよね。『髪を切る時間がない』とか『髪を切る時間がもったいない』とも言いますけど、じゃあ、『野球以外のスポーツやってる人たちって時間があるのか？』と。それも成り立たない。『高校野球はお金がかかるから』と言う人もいますけど、大学野球のほうがお金かかるのに、伸ばしてる。これも成り立たない。なんの理由もないなと。『今までの高校野球が丸刈りだから』という理由しかないと思ったんです。そんなのおかしいですよね。**社会に出たときに立派な人間を育てようというのがわれわれ高校野球の指導者の一番の目的**じゃないですか。それなら、**髪型や身だしなみ、身なりを整える訓練をしたほうがいい**なと思ったんですよ。ノーサイン野球をやると言ってるのに髪が強制で丸刈りだったらおかしな話ですよね。世の中に出たら髪型もちゃんと考えないとダメなわけですから」

当初は2018年から変えようと思ったが、その年の3年生は約30人と多く、自由と聞いて勘違いしそうな選手もいたため見送り。人数が15人程度と少なく、精神的に安定している選手が多かった19年の代から変更した。

「この子たちだったらいい歴史をつくってくれると思ってこの代からにしました」

当然のことだが、自由とはいえ、ルールはある。聖愛野球部で定められたルールは校則違反をしないこと。校則の通り、ツーブロックが禁止されている。

「ツーブロックっぽい髪型をしてきて、生徒指導の対象になった者はいます。そんなのは論外ですよね。『床屋さんがどうのこうの』と言うんですけど、あやしいと思われるギリギリの線にしてくる時点でダメ。『アウトか？ セーフか？』って言われるぐらいの髪型で出てくる時点でダメなんです。こっちは『髪型自由にしていいよ』って認めてるわけじゃないですか。条件は『校則違反はしたらダメだよ』だけ。その条件を守れないのはダメですよね。そうなった場合は練習禁止にしています」

丸刈りなら、何も考えずにすむ。思考停止でも問題ない。だが、自由だとそうはいかない。任されている代わりに、ルールを守る責任が必要になる。

「そういうことを学ぶきっかけにはなってますね。丸刈りだけにしてたら経験できないですよね。『誰にも文句言われないようにしてきなさい。それを自分で考えろ』という話ですから。『床屋さんが勝手にやった』と言っても、そんなのは世の中では通じないわけですよね。それだったら、切り直してもらえばいい。床屋さんは必ず『これでどうですか？』って鏡で見せて聞くわけですから。『それでいい』と言ったあなたがダメだということ」

野球の試合でも同じようなことはある。例えば、けん制球。ボークすれすれのあやしいけん制球でアウトを狙う投手もいるが、審判にボークと言われたらテイクワンベース。誰が見てもボークではないけん制球を投げなければいけない。

髪型を自由にしたのを機に他のルールも撤廃した。以前は寮生は22時の点呼時にスマートフォンを預けることになっていたが、それもやめた。

「結局、それもいたちごっこなんですよ。提出にダミーを使ったりしますから。それを見張ってるこっちも面倒くさい。それであれば、もう自由でいいだろうと。その代わり、考えて使えよということですね」

同じような理由で炭酸飲料や男女交際の禁止もなくした。「甲子園に行きたい」というのなら自分で優先順位を考える必要がある。それこそ、言行一致しているのか。すべて選手自身が問われることになる。

「**『ルールがあるからダメ、ルールがないからいい』というマニュアル教育ではなく、『なんのためにそうしているのか、なんのためにそうするのか』というコンセプト教育に変えた**ということですね。それで判断できないんだったら、われわれのコンセプト教育が足りないということです」

わからなければ、わかるまで教えるしかない。わかるまで言い続けるしかない。禁止するのは簡単だが、考える力は育たない。自由を与え、やらせて、考えさせるから子どもたちは成長するのだ。

27 「47共育塾弘学」をつくり大学生のときから事業をする

野球教室による野球普及活動だけではない。原田監督は高校生にはできないかたちで野球界に貢献できる方法を考えている。それが、2023年10月16日に法人登記された一般社団法人「47共育塾弘学」だ。初年度は聖愛OBで弘前学院大学に進んだ工藤天晴、平間一基の二人で活動。小学生から高校の野球チーム、野球部に審判員や指導者派遣を行う。

「最初は慶應高校野球部の大学生コーチを参考にしたんですよ。慶應高校には大学生コーチが10人ぐらいいるんですよね。慶應高校の野球部OBで、慶應大学には行くけど、大学で野球をやらない人が高校のコーチをする。この仕組みはすごくいいなと。うちも大学で野球をやる子はいっぱいいるんですけど、正直言って、残念になる子もいっぱいいるんですよね。それだったら、(付属の)弘前学院大学に進んで高校でコーチをやっていたほうがいい勉強になるんじゃないかなと思ったんです」

弘前学院大学には硬式野球部がなかったが、原田監督の提案に賛同した工藤、平間の二人が進学。学生コーチとして後輩の指導にあたるようになった。

「途中から大学にも野球部をつくればいいと思ったんです。高校で自立を学んでいるじゃないですか。でも、聖愛でいくら自立を学んだとしても、正直、大人に守られた中での自立なんですよね。もう少し厳しく言うと、**聖愛では強制的に〝自立させられている〟。そうじゃなくて、大学に行って監督抜きで本当に分散型自律組織の野球チームを自分たちで運営してやる。**そうなったらすごい勉強になるんじゃないかと思ったんです」

大学に野球部をつくろうと考えているうちに、考えはどんどん発展していった。大学内で野球をやっているだけではもったいない。もっとできることがあるのではないか。

「(高校の)コーチ、(大学の)選手としてだけだと面白くないですよね。野球は結構、課題があるので、野球の課題解決をしようと。それで、弘前学院大学の野球部が経営する会社をつくろうと思ったんです。大学生のうちに事業をすれば、これが一番勉強になるなと。これからは小学校も中学校も部活動が地域移行になるので、指導者が不足しますよね。指導者がほしいというところが多くなる。また、青森県は審判の高齢化がひどいんです。審判は一番若くて40代。平均年齢は60代です。8月の弘前地区のリーグ戦のとき、はるか夢球場の気温は35度ぐらいありました。人工芝の上は40度ぐらいあったと思いますけど、73歳の審判が2試合、ファースト審判で立ってましたからね。すごくないですか？　弘前学院大学で審判派遣業もやったら、野球部員がいなくならない限りは審判の高齢化という課題は一生解決すると思ったんです」

Facebook、InstagramなどSNSで情報発信。依頼を募集すると立ち上げてから約3か月で指導者派遣は約30回、審判員派遣は約20回の依頼があった。小中学校への指導者派遣、小学校から高校までの審判派遣が主な事業だが、その他にも中国の小中学生が日本で合宿をする際のサポート、障害者への野球教室のサポート、スポーツ店とコラボして高校野球の新規格バットの試打会などさまざまな仕事にチャレンジしている。

「弘前プレイヤーズとも連携しているので、最低限、お金が回る仕組みはありますね。野球界に恩返しをしながらお金を稼げる。その合間に好きな野球をやる。大学野球部は三部からのスタートですけど、『一部昇格を目指して頑張ろう』と言ってやっています」

他に例を見ない取り組みだけに、地元では複数のメディアに取り上げられた。23年の12月には全国でアスリートのキャリア支援を行うTOiROとパートナーシップを締結。24年には聖愛からさらに3人が加わった。認知度が上がれば、活動の幅が広がる。野球に携わりながら、野球界に恩返しができる。学生のうちから仕事もできる。47共育塾弘学がモデルになり、この取り組みが全国に広まることを原田監督は願っている。

28 審判を育てる

近年の青森県は野球人口減少だけでなく、審判不足、審判の高齢化が問題になっている。

「高齢化問題は大変です。高野連弘前支部の審判は最高年齢が83歳で二人。平均年齢が67歳なんです」

この問題を解消するために47共育塾弘学で審判派遣事業をすることにした。その準備として、2023年の11月、現役の審判員を招いて講習会をしてもらった。

「ファースト審判の位置取り、アウトのとき、ベースを離れたときのジェスチャーなど基本動作、基本のフレーズから教えてもらいました。この講習会にはうちの部員も全員参加したんですけど、みんな結構、興味を持ってやったんですよ。そしたら、審判の人から『(アマチュア野球規則委員会の公認審判員の) 資格を持っている人に来てもらえば、その人に名簿を出すだけで3級審判員の資格を全員取れるよ』と。テストとかもなく、講習を受けるだけで取れる。高校生もできるというのを聞いたんですよ」

高校生も練習試合で審判をする機会がある。すぐに全部員で認定講習を受けることを決めた。

「これをきっかけに『審判、面白いな』と思ってくれる人もいるんじゃないかと。仮に選手として甲子園に行けなくても、審判で甲子園を目指せる。これは何歳になってもチャレンジできるじゃないですか。そういう意味でいいなと。3級は無料で取れますし、3級で3年経験すれば、2級審判員の資格にチャレンジできます。部員全員で受講するのはうちが初めてじゃないですか。絶対いい取り組みだと思うんですよね」

審判をする機会の多い控え選手だけではなく、全部員というところがポイント。もちろん、レギュラーの選手たちも学ぶのには理由がある。

「**審判の立場がわかるようになるので、完全に視座が高くなりますよね**。審判の人がこんな話をしてたんですよ。『審判はいろんなところを見てるから気をつけたほうがいいよ』と。例えば、イニング間にファーストがゴロを転がして送球するじゃないですか。送球を捕るときにベースから足が早く離れるファーストがいますよね。審判はそれを見ているので、本番でチェックするらしいんですよ。内野ゴロのときに『この選手は足が早く離れるんじゃないか』と準備するらしい。そうやって準備されているので、ちょっと足が早く離れたように見えたらセーフってやっちゃうんだと。プレーだけじゃなくてそういうところで印象がついているよと言うんですね。そんな話なんて、審判の立場じゃないとわからないじゃないですか。ボークもそう。

あやしいと思うと準備される」

プロ野球でも「コントロールがいい投手」という印象があると微妙なコースでもストライクを取ってもらいやすいという話があるが、高校野球も同じ。審判は常に観察している。目の前のプレーだけでアウト、セーフが決まるわけではないということだ。

「審判の人はこういうことも言ってました。2アウト満塁2ストライクでストライクっぽい球をボールと言ってしまった。本当は三振でチェンジなんですよ。だから、ちょっとピッチャーに悪いなって思ってしまうと。しかも、その次の球が甘く入って打たれて点数を取られてしまったら、本当に申し訳ないと思うって。次は若干、おまけしないとという気持ちになる。それが実際のところですよね。審判も人間ですから」

甲子園がかかった夏の大会の決勝の延長戦。一打サヨナラの場面では、球審は「内野ゴロで終わってくれ」とも思うそうだ。

「『ヒットが出てホームでクロスプレーになったら、自分に全責任がかかるから』と。高校野球の夏の大会の審判が一番嫌だと言ってました。小学校、中学校は高校があるじゃないですか。大学はリーグ戦じゃないですか。社会人は来年があるじゃないですか。でも、高校野球は違う。これで野球人生最後の人がたくさんいますよね。それを背負ってジャッジするのはつらいって。そんな気持ちでやってるんだなって思いましたよ。頭上がらないですよね」

相手の立場に立てば、ものの見え方も考え方も変わる。このような審判心理を知っていれば、負けたあとに審判の判定に文句を言う〝バッドルーザー〟になることもないはずだ。

「間違いなく自分の野球に生きますよね」

審判をすることで視野が広がる。見える世界も変わる。さらには、将来の審判員不足の解消にもなる。高校生の審判活動。原田監督は弘前から広めていきたいと思っている。

29 一人一企画、考える

まさに、一石二鳥。

冬場のマンネリ防止策であり、選手の成長にもつながるのが「一人一企画」だ。時間のある冬休み中、選手たちは一人ひとつ、みんなで楽しめる企画を考える。

「冬って何か工夫してやらないとつまらないですからね。**自立するための手段**として、冬に必ず何かします。一人一企画は、企画名、目的、目標、具体的な行動計画、狙いを書いた計画書を提出させて、私がOKしたらいつやるかを決めます。**狙いは、一人ひとりの企画力を高めること**ですね。自分が企画者となってチームに与えようと」

2021〜22年に実施したのは〝おもしろ企画〟。みんなで楽しめるものならなんでもOKだ。好評だったのはカルタ大会。なんと、カルタをやったことのない選手が3人もいたという。その他には、雪の上に立てられた旗をダッシュで獲りに行く雪上フラッグ、目隠しした状態でフニャフニャした棒を持ち、人の気配を感じて斬る〝気配斬り〟などが大きく盛り上がった。

「われわれも参加して楽しかったですよ。**これをやる最終的な狙いとしてはチームワークをよ**

くすること。『このチーム面白いな、やっぱり最高だな、本当にいいな』と思えば、変なことをしなくなりますから。迷惑かけることをしなくなりますからね。表の狙いは企画力を上げることですけど、『このチーム最高、楽しい』と思わせることが裏の狙いです」

22〜23年は通常は原田監督が担当する朝の勉強会を一人一回担当した。23〜24年は部員が多くなってきたこともあり、部員同士が仲よくなるようチームワーク企画にした。ペットボトルを投げて立てるペットボトルフリップ（1グループ5人で5人連続成功したら勝ち）、人間知恵の輪（5人一組で手をぐちゃぐちゃにつなぎ、体を回転させて元通りになったら勝ち）などで盛り上がった（興味のある方は聖愛野球部のTikTokをチェック。全企画見られます）。

「企画はひと冬の間にちゃんと全員に回るような仕組みをつくってあります。部員が多くなればなるほど絡まなくなる。お互いのことを知らないことが多くなりますからね。チームワークって、人間関係じゃないですか。人間関係のトラブルの最大の要因は情報不足なんですよ。その人のことをよく知らないのが理由。逆にいえば、**その人のことを知れば知るほど人間関係のトラブルはなくなっていく。お互いのことを知りまくるという意図**でやってます」

もうひとつの狙いは、みんなと仲よくなって、とにかく楽しむこと。

「このチームのことが好き、このチームにいると面白い、楽しいって思えたら絶対やめないんですよ。会社だってそうじゃないですか。もちろん野球も好きでいてほしいし、楽しいと思ってもらいたいんですけど、**『このチームにいたら楽しいことがある』という気持ちを芽生えさせる仕組み**ですよね」

会社も部活も「入る理由は条件、やめる理由は人間関係」。これをなくすために知恵を絞るのだ。

とにかく受動的にしない。自らしかける側に回らせる。野球部にただ所属しているだけでも日々は過ぎていくが、そうではなく、参加させるように持っていくのが原田流だ。

「『聖愛はなんでひと冬越えると強くなると思う？』と訊いたら、平間（一基、学生コーチ）はおもしろ企画を挙げてました。高校生が何か自分で企画してやることなんてないじゃないですか。生まれて初めての経験ですよ。それがうまくいったら自信がつくらしいんですよね。同じようなことは他ではやってないっていう自負もありますしね」

これまでにすべった企画はない。何をやっても楽しめている。

「一人一企画をやった大きな理由として、リーダーシップを取れる子が少なくなってきたというのがあるんですが、それと同時にフォロワーシップのなさもすごく感じたんです。リーダー以外の人がリーダーについて行く力。人数が多くなってくればバラバラになってしまいがちですよね。リーダーが言ったことに『さあ、みんなでこれをやろうぜ』というふうにならない。フォロワーシップがなくなりやすいんです。ある生徒が日誌に『一人一企画というのは43フォロワーシップ企画（＊部員44人）だなと思った』と書いてましたけど、その通りだなと。ちゃんと**企画者に協力して、『みんなで成果を出そう。成功させよう』という気持ちを芽生えさせる。フォロワーを育てる**ためにもやってます」

誰かが成功するようにみんなでフォローする。誰かのミスはみんなでカバーする。これは、野球の試合でも同じ。楽しみながらチーム力を高める。一人一企画は聖愛の見えない力を育むひとつのツールとなっている。

30 アルバイトを経験させる

少子高齢化が進んだせいだろうか。近年、高校生に訊いて驚くのがお年玉の金額だ。6～7万円もらったという球児に何人も会った。だが、本来、お金は簡単に手に入るものではない。それをわからせるために原田監督は冬の期間、選手たちにアルバイトをさせている。

「バイトはかなり昔からやらせてますね。自分が高校時代にバイトをして、すごくよかったんですよ。働いてお金を稼ぐ最初の経験ですからね。当時は郵便局だけOKでしたけど、あれだけ働いてこれだけしかもらえないのかと思いましたよ。1週間、毎日働いて3万円ぐらいですよ。親たちって、1か月ずっと働いてどれだけのお金をもらってるんだろうって思いますよね。**お金のありがたみ**というか、**働くことの大切さ**というか、そのときにすごく感じました」

アルバイトをしていると、特別なことをしているつもりがなくても評価されることがある。

「あいさつがよければ褒められるし、礼儀正しくしていれば褒められる。**野球部で学んでいることを発揮して褒められるという体験**にもなるんですよ」

もちろん、その逆もある。高校生の世界では小さなことでも、社会に出たらそうはいかないということを思い知らされる場でもある。2012年の冬にはこんなことがあった。そのチームの中心選手だった成田拓也が焼肉店を3日でクビになったのだ。その店では、「お先に失礼します」と周囲にひと声かけてから帰るルールになっていたが、成田はそれをしなかった。一度目は注意ですんだが、翌日の二度目は見逃してもらえない。無言で帰ろうとしたところを呼び止められ、「ちょっと待て。クビだ」とその場で〝戦力外通告〟をされた。

「すぐにアルバイト先から私に『クビにしました』と連絡が来ました。ただ、それにはこんな理由もありました。『悪い意味ではなくて、社会の厳しさをわかってほしかった。彼には頑張ってほしいと思う。期待してのクビです』と」

愛情があるからこそのクビ宣告。「社会に出たら、ルールを守らないのは通用しないよ。中途半端では認めてもらえないよ」というのを教えてくれたのだ。この経験で奮起した成田は翌年の夏、四番打者として甲子園初出場に貢献した。

「なんと、その焼肉店の店長が一番早くお祝いを持ってきてくれたんです。『おめでとう。ホント頑張ったな』って。クビはある意味、優しさだったんですよね」

たったひとことを言わなかったせいでクビにされたら、多くの高校生はこう思うだろう。「これぐらいいいじゃん」「マジ、うぜえ」「むかつく」。だが、それでは通用しないことを学べるのがアルバイトという社会経験なのだ。

31 有給休暇制度を利用する

決められたスケジュール通りに動く。これが部活動の〝当たり前〟だろう。何時から何時まで練習で何曜日が休み。運動部か文化部かは関係なくだいたい決まっている。これが普通でなんの違和感も抱かないが、原田監督はここにも疑問を持った。思ったことはTY（とりあえずやる）するのが原田監督。2023年の1月、思い切った取り組みをした。冬休み中の一定期間、チームスケジュールをなくしたのだ。いつ練習して、いつアルバイトをして、いつ休むのかを選手自身が決める。自分の予定は自分で組ませた。

「やろうと思った理由は**自分で時間の使い方を考える**から。**守破離の離**です」

聖愛野球部では年末年始の休日後、1月4日がファーストミーティングの日と決まっている。初日は全員で顔を合わせるが、その後、冬休みが終わるまでの約2週間は選手に任せた。

「ファーストミーティングは絶対に出てもらいますけど、あとはバイトを入れてもいいし、入れなくてもいい。エクセルでスプレッドシートをつくって、行動予定を立てさせたんですよ。何時から何時まで練習、何時から何時までバイト、何時から何時までフリーとか。もちろん、一日中フリー、一日中バイトでもいい。バイトがない日は一日練習でもいい。そういう計画を立てさせました」

練習するのも、休むのもすべて自分で決められる。ある程度一生懸命野球をやっている学校では聞いたことのない制度。やってみた結果は、失敗だった。レギュラーとして試合に出ている2年生は意識が高く問題なかったが、1年生に大きな差が出た。

「やってみてわかったのは、特に1年生の、メンバーに絡んでいない子たちに任せるのは無理ということ。守破離の守も経験してないので、なんだかわからないんですよ。高校野球の冬休み自体が初めての経験。先輩の姿を見てるわけでもないし、どんなものかイメージもできない。だから、何をやっていいのかわからなかったんだと思います。とりあえず、みんなのマネをしているぐらい。そういう意味では、この取り組みは失敗でした」

高校野球ではどうしても一律に同じことをしてしまいがちだが、物事には段階がある。野球部の中には任せてもいい人と任せてはいけない人がいる。そこを見極める必要があった。

「任せることで、要は好きにさせたわけです。それに味をしめて、1年生で二人退部者が出ました。彼らはその2週間で遊んでしまったわけですよ。それも別にOKとしていたわけですけどね。冬休みが終わり、三学期が始まって全体練習になったときに、やっぱり身が入らないわけですね。私も注意するじゃないですか。一人は練習態度、一人は眉毛が問題でしたけど、それに耐えられずにやめたんです」

一方で、同じ1年生ながら、この期間をプラスに変えた選手もいる。翌年度の夏はレギュラーとして試合に出た貴田光将だ。

「貴田は素晴らしかったです。アルバイトがラーメン屋なので10時から3時ぐらいまでの勤務なんですけど、朝は1時間トレーニングしに行くんですよ。そこから自分でバスを乗り継いでバイト先まで行って、働いてバスを乗り継いで帰ってきて、夕方は2時間ぐらい技術練習。それが毎日だったんで、これはめちゃくちゃ鍛えられたと思います。本当にいい経験になった例ですね」

自宅から通う選手はアルバイト先まで親に送迎してもらう人がほとんどだが、貴田は寮生のため自力で行かなければならない。寒い中、雪で時刻表通りには来ないバスを待ち、アルバイト先に通った。

「冬のバスなんて全然時間通り来ないですからね。今来てるのが何本前のバスかもわからないんですよ。遅れてきたバスが、自分が乗りたいと思っていた2本前のバスなんてこともあるので。その後、3月の遠征で貴田はホームランを4本打ったんですよ。横浜高校戦では西武に入った杉山（遥希）から打ったのを含めて2本打ちました。それを見て、『これは冬にあの経験をしたからだ。本物だ』と思いましたよ。その後、続かなかったですけど（笑）」

23年の反省を踏まえ、24年はやり方を変更した。1月4日のファーストミーティングは同じだが、その後の2週間は全員で練習する。ただ、全体練習の期間中、3日間は休日が与えられる。その休日をいつにするかは自分で決められる。

「前年の失敗を踏まえたうえで、指導者の中でこういう意見も出たんです。『2年生は任せてもいいんじゃないか。1年生だけ強制で練習させたほうがいいんじゃないか』と。2年生だけでやるかも話し合ったんですけど、結果的には全員強制で1月4日から全体練習にしました」

どう取るかは自由だが、3日間は強制的に休みとしなければいけない。いわば、高校野球版の有給休暇制度だ。なぜ、そんな発想が生まれたのか。

「職場でも必ず年度内で5日間は有給休暇を取らなければならないんです。世の中が強制的に休暇を取りなさいというようになっているので、その訓練を今からしたほうがいいかなと思ったのが最初です。実際、5日間休暇を取ったところで『何をすればいいか』と思っちゃう人じゃダメだと思うんですよね。**その休みを人生にとって有意義になる5日間として過ごせる人になってほしい**」

休みだからといって一日中ダラダラしたり、寝ていたり、ゲームをしたりしているような過ごし方ではいけない。ＪＫ＝準備も計画もいらないからだ。休みは休みとしてＪＫ＝準備や確認が必要な日にするべきだ。

「野球を取ってしまうと、何もできない人間になってしまったらダメだと思います。３日間の有給休暇に家族で旅行に行ってもいいし、友達と遊びに行ってもいいし、デートしてもいい。計画的にその有給休暇を使う能力をつけたいと思いました」

ちなみに、聖愛では赤点があるとアルバイトはできない決まりになっている。野球部では、赤点がある場合、有給休暇が与えられない。

「有給休暇がほしかったら、勉強しなければいけない。『有給休暇を取るために勉強しろ』というのもありじゃないですか。**勉強せざるをえない仕組み**をつくってしまうのはいいかなと」

指導者のやる仕事は環境づくりと仕組みづくり。準備、計画、実行する環境。勉強しなければならない仕組み。人はやりたいことがあれば、逆算して考えるようになる。時間の使い方を工夫するようになる。すべての取り組みがうまくいくわけではないが、チャレンジするから発見があるし、工夫もできる。どうしたら、思考停止人間にならないか。原田監督は常にそれを考えている。

32 お金の使い道を考えさせる

野球部を一年間運営するためには、いくらお金がかかるのか。

この質問を選手に聞いたとしても、普通の高校生では答えられない。ところが、聖愛の選手たちは知っている。なぜなら、原田監督が野球部の部費の使い道を高校生にもすべて明らかにしているからだ。こんなことをしているのは、全国を見渡してもおそらく聖愛だけだろう。

「野球部とかではなく、本当に経営論になってくるんですけど、チーム内で信頼関係を築いていくため、社員たち、部員たちの信頼を得るためには、**お金に関しても、会話に関してもできるだけ透明にしたほうがいい。見える化したほうがいいんです。**逆にいうと、隠し事や見えないものが多いほど、謎が多いほど『何か仕組んでるんじゃないか』と思われる。不審につながってくるんですよ。今、野球部の連絡にはSlackを使ってるんですけど、できるだけＤＭでのやりとりはしないようにしてるんです。何かあったら、チャンネル内でメンションして送ってと。バッティングのことを訊きたければ、ＤＭで訊くのではなく、バッティングチャンネルで自分のことを訊きなさいと。そうすれば、みんなに見えるじゃないですか。これが根本の考え方です」

内緒話や隠し事がなければ不信感はなくなる。人間関係もよくなる。それが一番の狙いだ。何もかもすべてオープンにしたほうがいいのは間違いないが、高校生にお金の話をする監督は聞いたことがない。お金の話は父母会の役員とだけ、というチームがほとんどだろう。

「もちろん、父母会に対しては毎年4月の時点で部費の使い道を報告しています。収入はいくらになる予定か。支出は遠征費にはこれだけ、外部コーチにはこれだけ、物品にはこれだけ使う予定ですと。支出項目ごとに予算書を出し、父母会の会長が領収書と金額を合わせて決算をします」

高校野球でも使途不明の領収書が発覚し、問題になる例は珍しくない。絶対にやらなければいけないことだ。だが、原田監督には、それでは当たり前すぎた。

「野球部には、どれだけのお金が集まるのか。物を買うのにどれだけのお金を使い、遠征に行くのにどれだけのお金を使い、人を呼ぶのにどれだけのお金を使うのか。それを子どもたちに知ってもらって、意見を聞きたいと思ったんです。**信頼関係を築く**うえでも必要なことなんじゃないかと。もうひとつは、子どもたちが大人になったときの**キャリア教育**ですね。家族を養っていくときにお金の管理は欠かせない。自分と奥さんの給料を合わせていくらだから、その使い道は食費にいくら、住居費にいくら、光熱費いくら……とやっていくじゃないですか。削るところを削って余裕を持たせておいて、これは自己投資、これは教育費と振り分けていく。

そういう訓練を今のうちにしようということですよね。家でも学校でもこんなことは教えてもらわないじゃないですか。部費を使ってそれを考えていこうと」

初めて部員たちに野球部運営の収支を見せたのは2023年の2月。聖愛野球部の部費は1か月2万円。それが部員の人数分集まるのだから、高校生にとっては、見たこともない金額になる。

「まぁ、驚いてましたね。『夏の大会になんでこんなにお金かかってるんですか⁉』みたいな。夏の大会中は朝夜の食事はもちろん、昼の弁当も試合前の補食も試合後の補食も全部栄養士の築館（寛子栄養サポートコーチ）さんのメニューでやってるので、それなりにかかります。でも、チームにとってメインは夏の大会ですから、そこにお金をかけるのは当然だと思うよと説明しました」

部員たちからは、「ここを削ってここを増やしてほしい」や「新しくこの項目を増やしてほしい」など使い道についての意見も募った。

「面白かったですよ。22年の春の東北大会は準決勝まで行ったんですけど、雨で延びたので、1週間以上福島に滞在したんです。ウチは大きなバスがないので、大きな観光バスを借りて行ったんですけど、バス代だけで80万ぐらいかかったんですよ」

青森から福島は移動に5～6時間もかかり、体の負担が大きい。また、当時はコロナで練習試合での県外遠征ができなかった。数少ない県外の強豪校とやれる機会ということで、原田監督は万全の状態で臨ませたいと大型バスを借りたのだが、選手たちからは予想外の意見が返ってきた。

「これはかかりすぎだと思います」

野球部で所有しているマイクロバスで移動したらどうだったのかという質問もあった。

「マイクロバスならガソリン代と高速代だけなので10万ぐらいですすみます。その代わり、乗り心地が悪くてガタガタするし、ギュウギュウだし、きついですよね。それを伝えたんですけど、彼らは『それでもいいです』と。そこで浮いたお金を普段の補食のお金に回してほしいという話がありました。普段はおにぎりを食べてるんですけど、たまにはそこにソーセージをつけるとか。あとは冬に室内練習場をもっと使いたいので、施設利用料の予算を増やしてほしいというのもありました。要は、『移動のときは我慢するので、もっと普段の活動を有意義にしてほしい』ということですね。それを聞いて、なるほどと思いました。彼らにとっては普段の活動を充実させることのほうが優先順位が高いんだなと」

監督がよかれと思ってやったことでも、選手たちが望んでいることとは違うこともある。これはお金の話をしなければわからなかったことだ。その他にも、こんな発見もあった。

「『寮の風呂をもうちょっと大きくしてほしいです』とか『寮生の昼ごはんの弁当のおかずをもっと増やしてほしい』とか言う子がいたんです。寮費と部費が一緒になっているんですよ（笑）。それは説明しました。『今言ったのは部費じゃない。寮費だから』と。寮費も部費もわからないということをわからせただけでもよかったかなと思いました」


初めての試みだったが、原田監督にとって収穫は大きかった。

「やってみてわかったのは、彼らにとっては、キャンペーンよりも普段の自分たちの活動を充実させたい気持ちがあるんだなと。それがあったので、24年は彼らの意見を参考にした予算を組みました。補食費を多くしましたし、冬の施設利用料を多くしました。23年は一回しか予算会議をやらなかったですけど、月に一回はやったほうがいいと思いますね。最低でも中間報告と年度末の報告の年二回。活動をしていれば、予算オーバーすることもありますからね。オーバーしたらどこから削るかを話し合うのもいいですよね」

日本人は人前でお金の話をしない。お金の話ばかりしていると白い目で見られることすらある。だが、これからの時代、それでは生きていけない。ビジネスを学んでいる原田監督ならではのお金の教育。親も学校も教えてくれないからこそ、野球部で教える価値がある。

「**お金の教育はめちゃくちゃ大事**ですよ。お金の使い方には浪費、消費、投資、貯金の4種類がある。これを教えるだけでもだいぶ違うと思います。子どもたちは、そんなの聞いたことないですから。消費というのは、生活するうえで必要最低限のお金。食費とか服とかトイレットペーパーとか。そこで贅沢して必要以上にいい物を買うと浪費になるわけですよ。浪費って無駄遣いですよね。投資は自己投資も他者投資もありますけど、未来の自分にお金を生み出すために使うこと。あとは貯金ですね。日本人はみんな貯金がいいことだと思ってますけど、そうじゃない。貯金するということは、お金が減るんですよ。今は物価の上昇が激しい世の中。10年前は10万円で買えたものが今は買えないですよね。お金の価値が減ってるんですよ。銀行に預けていたらどれだけ利息がつくかといったら、一般的に今は休日や時間外におろす手数料のほうが高いです。だから、積み立てNISAとか投資の話もします。**いかに浪費をなくして、消費を抑えて、投資に使うか**。子どもたちは、『こんな話は聞いたことがない』って言いますよ」

こういう話をしていくと、日誌に「今日は浪費をしてしまった」と書く選手が出てくる。消費か、浪費か、投資か。それを考えることは時間の使い方を考えることにもつながる。

「時間も同じですよね。**無駄な時間をなくして、消費の時間は必要最低限にして、いかに自己**

投資の時間にするか。どれだけ自分の未来のために時間を使えるかじゃないですか。消費か、浪費か、投資か。お金と時間の考え方は教えるべきですよね。若いうちからお金について考えるのはめちゃくちゃ大事だと思います」

大谷翔平がなぜ世界一の選手になれたのか。それは、ほぼすべてのお金と時間を自己投資に充てているからだ。意味もなくSNSを見るのは明らかに時間の浪費。だが、そうしてしまっている高校生がいかに多いか。考え方が変われば、行動が変わる。行動が変われば、習慣が変わる。習慣が変われば、人生が変わる。そのきっかけを与えるのが、指導者の仕事なのだ。

ぐんと成長できるコミュニティ オンラインサロン活用のすすめ

あいさつは略さず、丁寧に、はっきりと言う。これが、聖愛野球部のルールだ。ところが、高校時代は「こんにちは」と言っていた選手も、大学に入るとあっという間に「ちわっ」と短縮語を使うようになってしまう。

「人って基本、弱い生きものだと思うんですよね。あいさつだけじゃない。いくら津軽弁で育ってきたとしても、関東に行ったら絶対標準語になる。それぐらい人って影響を受けやすいんですよ。そう考えると、誰といるか、どういうチームに所属するかでその人のパーソナリティも、人生も決まってくると思うんですよね。ということは、これからはどんな組織でどんな仲間と一緒に過ごすか、どんなコミュニティに所属するかで決まるという時代が来ると思います」

筆者の主宰するオンラインサロンには原田監督も開設時から参加してくれているが、自身の学びの場になっているのはもちろん、居心地のよさを感じているという。

「同じ感覚、同じ感性、同じ価値観、同じ共通言語を持った人たちの集まったコミュニティというのは、生産されるスピード、浮かぶアイデアのスピード、学びのスピードが何倍にもなると思うんですよ。なぜなら、無駄がなくなるから。全然知らない言葉が飛び交うところ、全然価値観の合わないところに行けば、自分に負荷がかかる。それによってキャパシティが広がり、成長することはあるかもしれないですけど、何かを生み出す、学ぶといったときには話がわかるほうがいいですよ。話が合う、価値観が合う、感性が合う……。そういう人たちの中に所属していれば、自分の成長スピードが何倍速にもなっていきます。そして、何よりも気持ちがいい、心地がいい。だからオンラインサロンがいいんですよね。オンラインサロンというのは、コミュニティのひとつなので」

そんな原田監督から読者へひとこと。

「チャレンジすること、とりあえずやる大切さ、続けてやる大切さ、常識にとらわれない大切さ……。これらを『すごくわかる！』と感じた人はオンラインサロンに入ってもらうと、そのコミュニティがあります。何倍速で成長できると思います」

タジケンオンラインサロンは弱者でもあきらめず、チャレンジする人のためのサロンです。能力がなくても結果を出すために大切な情報を発信しています。筆者が全国各地の注目校の練習メニューや監督のインタビューなどコンテンツを毎月提供する他、サロンメンバーの指導者が自分のチームの練習方法を公開。またメンバーが参加した講演やセミナー、野球教室での学び、オススメの書籍紹介などを共有し、人間力も野球力も高めるために日々学んでいます。

この本を読んでくれた方であれば、勉強熱心なのは間違いありません。ＪＫやＴＹ精神もあるはずです。学びの意欲のある方であれば、筆者はもろ手を挙げて歓迎します。巻末のＱＲコードからぜひサロンに登録を！　原田監督も待っています！

第3章

工夫を続ける

——リーダーが挑戦するための仕組みづくり

33 やると決める。自腹を切る

何事もスピード勝負だ。

やると決めたら、すぐに始めたほうがいい。だが、そのときに問題になるのが「上からの許可が下りない」ということ。「あと少し待って」と言われたまま、あっという間に1年たってしまうのも珍しいことではない。それを防ぐ方法を原田監督は知っている。

「自腹を切ることですよ」

典型的な例が監督自ら野球部専用の寮をつくったことだ。

「普通、寮は学校で準備するものだと思うんですけど、その風土がなかった。だから自腹を切ってやりました。よく『学校から補助が出てるんですか』と聞かれるんですけど、もらってません。いろんなところから補助をもらうのも大事なんですけど、それをやろうとしたら、時間がかかりすぎます。何年後になるかわからない」

2001年に監督に就任した原田監督。寮を始めたのは創部2年目からだった。「強くするには寮が必要だ」と即断即決。学校近くの空き家を月5万円で借りたのだ。7部屋に二人ずつ

14人の生徒を住まわせた。

「まだ正式に採用になってないときですよ。1年目は1年契約。2年目からは2年契約になりましたけど、そのあともずっと2年契約のままでした」

不安定な身分だったが、そんなことは関係ない。部員が増え、入寮希望者が増えてきたこともあり、08年、原田監督はより多くの人数が入れる寮（現在も使用する聖球館）の購入を考えた。

「近くにいい物件があったんです。持ち主を知っていたので交渉しました。最初は売れないと言っていたんですけど、何度も交渉したら売ってくれることになった。1300万です。もちろん、そんなお金はないので『さあ、そのお金をどこから出す』ということになったんです。銀行は全部回りましたけど、全部門前払いですね。理由は、正社員じゃないから。光星学院には勝ったりしましたけど、まだ甲子園に行った実績もあるわけじゃないですからね」

そこで、原田監督は春藤英徳校長（当時）に相談した。弘前工のバレーボール部監督として全国大会三冠に導いた実績もある校長。行動は早かった。その場で銀行に電話。支店長を呼び出したのだ。

「30分後に支店長が来たら『うちの野球部の監督が困ってるんだ。正社員じゃないから貸してくれる人がいない。支店長決済でなんとかしてやってくれ。このぐらいの金額、支店長決済でなんとかなるべ？』と。その場で決まりました。『ちょっと利息は高くなるけどいいべ？』と。それで1600万借り入れて聖球館が誕生したんです」

春藤校長から学んだことはたくさんあるが、中でも勉強になったのはこのことだ。

「校長がよくしゃべってたのが『できないんだったらできるまでやれ』。あとは、『やると決めろ』ですね。『やると決めたらやるように考えるから』と。**『やれるかどうか考えているうちにできないことがいっぱい出てきてしまって、結局やらないことになる。だからやると決めて、やると周りにしゃべってしまえ』**という人でした。実際、大昔にあってなくなっていた聖愛中学校を復活させたのが春藤校長。誰よりも先に中学校をやるんだと周りに言って歩いてたんですよ。『お金のことはあとから考えるんだ』と言って。やっぱり日本一、三冠を取った人は何か持ってますよね」

聖球館効果もあり、09年秋の東北大会でベスト4に進出。春のセンバツはあと一歩で逃したが、ようやく正社員として採用された。そして、13年夏に甲子園出場。その後は再び部員数が増えたこともあり、第二寮である愛球館を購入した。こちらはひとつの土地に一軒家が2軒建っている物件。そのうちのひとつは原田家が使い、もうひとつの家を寮として使うことにした。

「それまでは聖球館に家族で住んでたんですけど、娘（南七海さん）が中学校に上がったら別の場所に住まわせてあげないとダメだなと。そう考えているときにいい物件があったんで買っちゃったんですよ。２軒あるので３５００万。（ローンは）75歳までです（笑）。リフォームして寮をやってみたけど、ダメでしたね」

聖球館には原田監督が住み、愛球館にはコーチが住んだが、やはり監督がいるのといないのとでは違う。生活面を重視する聖愛だが、生活面の乱れが目立つようになり、愛球館は閉めることになった。

「結局、愛球館に住んでる人は疎外感なんですよ。だったら部員を少なくして、一つ屋根の下で生活しようと。聖球館の部屋をリフォームして広くして、一部屋に三人で入るようにしました。今はみんな聖球館に住まわせてます。妻が会社をやっているので、愛球館は妻の会社で使ってます。その二階は妻の母が住んでます。だから失敗じゃないんですよね。結果的には活かせてるんですよ。できるように考えるんです。失敗と言えば失敗ですけど、学びでもある。**どっちを選ぶかが正しいんじゃなくて、選んだほうを正しくする生き方のほうが素敵**ですよね。買ったことが失敗ではなくて、そのときはうまくいかなくても、選択したほうをよしとする方法を考えて活かす。その生き方のほうがいいと思ってやってます」

いいと思えば、TY＝とりあえずやってみる。やってみてダメなら無駄にしない方法を考える。待っていて何もしないより、失敗してもよっぽどそっちのほうがいい。愛球館の借金に懲りず、原田監督はその後もどんどん自腹を切っている。聖球館にトレーニングルームをつくった。治療室をつくった。サウナを入れた。高級電気治療器も、高級マッサージチェアも入れた。

「何かしたいと思ったときに学校管理だとやってくれるかどうかわからない。やってくれるのかもしれないですけど、時間がかかる。でも、自腹だったらすぐやれるんですよ。自腹だからいろんなものを生み出していると思います」

だが、普通は思い切れないもの。原田監督のようにはできない。

「どっちかというと麻痺してますね。金銭感覚と行動感覚が麻痺してる感じはあります（笑）。『行動すればいい』という成功体験の積み重ねでこうなっている。もう、怖いものはないというぐらいですね（笑）」

やると決めたらスピード勝負。お金のことはあとから考える。常軌を逸するといっても過言ではない自腹精神が、聖愛野球部のハード面の充実につながっている。

34 週二回、グラウンドを提供する

あえてグラウンドを使えないようにする。しかも、週に二回も。

他校の監督が聞いたら理解できないようなことをするのが原田監督だ。以前から月曜日は聖愛シニアにグラウンドを貸していたが、2017年からは木曜日も貸すことにした（現在は女子野球部も使用）。なぜ、そんなことをしたのか。

「2013年に甲子園に行って、寄付金で大きいビニールハウスを建ててもらったんですよ。部室も大きくした。ちょっと設備がよくなったんです。創部当時は何もないところからのスタートで、あるもので工夫してやってました。手づくりでつくり上げてきたのに、何かそれに甘んじているような自分がいるような気がしたんですよね。（恩師である）弘前工業の横浜監督（寿雄、監督として春1回、夏3回甲子園出場）がよくしゃべってたのが『室内練習場ができてから一回も甲子園に行ってない。その理由は、室内練習場が隠れ家になるからだ。部員がいっぱいいる中で、練習してない人、故障してる人がそこに溜まるんだ』と。**設備がよくなればなるほどそこに甘える。**自分に縛りをかけたくて毎週木曜日にシニアにグラウンドを貸すことにしました」

新しい施設ができると、できた当初はありがたみを感じる。選手たちも喜んで使うが、翌年以降、すでに施設がある状態で入学してくる選手たちにとってはそれが当たり前になる。ないときの大変さや苦労を知らないため、平気で雑に扱ったり、サボる場所として使うようになったりと弊害が出てくる。

「『当たり前になると仕事が雑になる』という言葉を聞いたことがあるんですけど、その通りだなと思いましたね」

もうひとつの理由は、聖愛シニアにもっと強くなってもらいたいという思いだ。

「シニアにもっといい思いをしてもらいたいというのがありました。聖愛シニアのいい選手が他の学校に流れていってた（仙台育英、日大山形などに進学）のもあったので、それに歯止めをかけたい、中高の連携が取れればいいなという思いもありました」

聖愛シニアは18年の全日本中学選手権（ジャイアンツカップ）でベスト4に進出。そのときの主力選手が21年夏の甲子園出場時に主力選手として活躍した。

聖愛のように甲子園に出場している私学の野球部というと長時間練習のイメージがある。当初は周囲から「週二回もグラウンドを使えなくして大丈夫なのか」と疑問の声が上がったが、原田監督はむしろグラウンドが使えないことをプラスにしている。

「新たに貸すようにした木曜日をトレーニング日にしました。シーズン中の練習の流れはつぎのようなローテーションです（**1**）。冬は室内練習場を貸すので、木曜日にトレーニングする場所がないんですよ。なので、ローテーションを変えました（**2**）。それでいいと思います」

1　シーズン中の練習の流れ

●月曜日　ミーティング
●火曜日　週末に出た課題練習
●水曜日　試合形式で実戦練習
●木曜日　トレーニング
●金曜日　週末に向けての課題練習
●土曜日と日曜日　練習試合

2　冬場の練習の流れ

●月曜日　ミーティング
●火曜日　技術練習
●水曜日　トレーニング

●木曜日　座学。木鶏会または野球学（200ページ）
●金曜日　練習
●土曜日と日曜日　野球教室と練習

物理的に練習ができなくなったことで、通常木曜日をトレーニング日として設定。成田暢平トレーナーに依頼し、専門的なトレーニングをするようにした。それまでも練習時間の一部を使ってトレーニングはやっていたが、継続してトレーニングをしたことで新たな発見があった。

「**トレーニング日は強制的に肩を休めることができます**。放課後ずっとトレーニングだけなので。それと、**週一回必ず完全に体をつくる日にできます**。（トレーニング日がないと）土日は遠征に行くこともあるので、トレーニングがおろそかになる可能性もあるんですよ。トレーニングは継続が大事。多くのチームは冬はトレーニングして数値が上がりますけど、シーズン中に下がるじゃないですか。聖光学院も指導している細谷（裕信コンディショニングコーチ）さんによると、聖光学院は継続してトレーニングをしているから4月からもずっと数値が上がっていくそうなんです。**理想はシーズン中も体重が落ちず、体力ベースが上がっていくこと**。木曜日をトレーニングだけにすると、月曜日と木曜日の週二回休ませることになるので運動量が減る。体重の減り具合も以前より少なくなってきている気がしますね」

筋力アップには休養が欠かせない。グラウンドが使えないことによって、聖愛の選手たちの体はたくましくなった。

練習時間が減ったことで、物足りないと思う選手たちが自主練習をするようになった。寮に帰ってからバットを振る選手が増えた他、寮内に新たにつくったトレーニング室を利用する選手も多くいる。

「そういう姿を見ると、うちの選手に**〝お腹いっぱい感〟**とか、**〝やらされてる感〟とかはない**と思います」

周囲に心配された週二回のグラウンド提供だったが、心配をよそに17年以降も聖愛野球部の成績は落ちていない。夏の青森県大会は17年ベスト4、18年準優勝、19年準優勝、21年優勝、22年ベスト4、23年ベスト4。春は17年に東北大会ベスト8、19年は東北大会優勝、22年も東北大会ベスト4に進出している。人間、恵まれすぎはよくない。制約があるから工夫し、意欲が増すのだ。

35　攻略本をつくる

マル秘。

聖愛には、表紙に大きくそう書かれた冊子がある。Ａ４の大きさで37ページ。『攻略本』と題されたその中身には、聖愛野球をするうえでやるべきこと、意識すべきことが記されている。

「２０２０年の代に半年かけてつくりました。はじめは『ゲームマニュアル』という名前だったんですけど、マニュアルとすると堅苦しい感じがする。『攻略本』にしたら面白がって読むかなと思って名前を変更しました」

作成するきっかけは、大事なことをもれなく伝えるため。徹底事項はこれまでもミーティング等で話していたが、何度言っても忘れる人、同じミスをする人がいた。

「伝わっていると思っていたのが、まったく伝わっていなかったんですよね。それで、つくってみようと。ここには方法ではなくて、**根本の考え方を書いています。ノーサイン野球をするためには、守破離の守の部分が必要。ノーサインが離であれば、攻略本の理解は守の部分です。**やるべきことが書いてあれば、『攻略本に書いてあるよ。見ようよ』って言えるじゃないですか。まぁ、高校生なんで攻略本があっても伝わらないですけどね。それでも、ないよりはあったほうが圧倒的にいいです」

ノーサイン野球はJK＝自分勝手にやる野球ではない。やるべきことが守られたうえで、JK＝自分で考えて動く野球。その意味で、原田監督が最も重視するのが「はじめに」の部分だ。実際の本文をそのまま紹介する。


『常勝チームをつくるためには、チーム全体の考えを統一化する必要がある。当然、聞いて覚えるよりも、明文化した方が浸透しやすい。よってここに、野球というゲームの「攻略本」をつくることにした。

そもそも、「野球で勝つため」には、単純な話「野球の勝ち方、負け方」を知らなければ、勝てるわけがない。もっと言うと、「野球の競技特性」を知ることから始める必要がある。

「野球で勝つ」を順序よく紐解いていくと、次のようになる。

「野球の競技特性を知る」→「野球の勝ち方と負け方を知る」→「できないことをできるように練習する」→「できたことをいつでもできるように練習する」→「野球で勝つ」である。

これから記していくものは、技術のことは一切ない。誰にでもできる準備のことであり、心構えのことである。勘違いしてほしくないのは、「機械通りに動け」ということではない。この攻略本は、「野球で勝つ」という最大の目標に対して、最低限の心構えを記しただけであり、ここに記していることだけをやっていれば勝てると思ったら大間違いである。

このゲーム攻略本は、「野球で勝つ」という目標達成のための、最低限のツールである。部員全員が、この攻略本を熟知し、「自己分析」、「自己対策」、「相手分析」、「相手対策」をして欲しい。この順番が非常に大事である。まずは的確に「自己分析」をすること。野球は相手があるスポーツである。相手にとって、自分の何が嫌で何がやりやすいのかわからなければ、努力は自己満足で終わってしまう。指導者や仲間の言葉に耳を傾け、自分の武器を磨き課題を確実に解決すること（後略）』

読んでわかるように順番の大切さを説いている。近年は、「自分がこうしたい」ばかりで相手目線に欠ける選手が増えている。勝つためにやるべきことはなんなのか。結果を出すために知らなければいけないことはなんなのか。順番を間違えると、いくら練習しても成果は出にくい。

これが前提となって野球の具体的な話になっていくが、攻略本に書かれているのはこんなことだ。

「**第一章は野球の競技特性**。野球の競技特性10個を並べてます。**第二章は試合前の準備**。球場に入ったら何をするか。アップはなんの目的のためにやるか。シートノックで確認することは何か。ブルペンの心構えなどを書いてます。**第三章は攻撃**。得点の考え方です。出塁1プラス進塁3で得点になるとか。出塁とは？　進塁とは？　バッターランナー、ファーストランナー、セカンドランナー、サードランナー、各ランナーの意識。進塁するかしないかの判断基準、タッチアップとハーフウェーの判断基準、オーバーランの原則、複数ランナーの原則、ランダウンプレーになったときの原則などを書いてます。**第四章は守備**。基本的な意識や配球、ポジショニング。連係プレーのことを書いてます。守備の章の最後にバックアップとカバーリングについて書いてあります。バックアップとはなんで、どんな意識でやるのか。カバーリングっていうのはなんで、どんな意識でやるのか。ケースごとのバックアップの動き方も書いてあります」

『攻略本』と名前はついているが、中身は技術ではなくＪＫ＝準備と確認の話。誰もができることを書いている。逆にいえば、攻略本の中身を把握し、理解して動ける選手でないと聖愛では試合に出られないということになる。

忘れてはいけないのは、攻略本を渡すだけで終わってはいけないということ。教科書を渡されても読まないのと同じように、高校生は渡すだけでは読まないからだ。原田監督もそれは重々承知しており、継続して攻略本を浸透させるための勉強会を冬場に行っている。

「冬の木曜日にするミーティングの『野球学』という時間にやります。足りなければ土日にもやります。**人間の脳は、思い出す回数が多ければ多いほど覚える**ようになってます。一回忘れても、聞くことによって思い出す。質問されることによって思い出す。**思い出す回数を多くする仕組み**として、野球学という時間があるんです。そこでテストの時間、答えさせる時間を設けることが必要です。最近の子はミーティングしててもメモしないんですよ。そのくせに覚えてないんですよ。勉強会はひと冬かけてやらないとダメだと思います」

冬にはリーダーの部門（107ページ）の中に勉強会用の「野球学リーダー」という役職も設けられる。

「23年のリーダーは『明日はどこどこから問題を出します』と範囲を言って問題をつくってきました。全問正解した人にはポイント（112ページ）を与えてやってましたね。22年はリーダーの工藤天晴が教えたがり、しゃべりたがりだった。私がやると言ったんですけど、『自分がやりたい』と言って、当てて答えさせながら全部レクチャーしてました。ちゃんと答えられないヤツに当ててるんですよ。よくやったと思います。ただ、そこまでやっても、試合でわかってないことが出てくるんですけどね。特に北国は冬はやることが限られてるんで、逆に勉強会をするチャンスですよ。体をつくるチャンスでもあります。体をつくるにはトレーニングして休ませればいい。休ませるときには脳を鍛えればいいわけですから」

攻略本を基に練習、試合をする。実際に起きたことなどから必要なことをメモしておき、毎年12月には改訂作業を行う。例年はわずかに追加、修正する程度だが、24年は大きな改善があった。守備の章に書かれているバックアップ、カバーリングをよりわかりやすくするために、動画を作成したのだ。走者一、二塁の右中間ヒットの場合はどう動くかなどケースごとの動きの説明にQRコードをつけ、お手本動画を見られるようにした。

「ヒントをもらったのは、田尻さんの動画教材です（＊筆者は甲子園動画教材を作成している。巻末のタジケンストアを参照）。映像なのですごくわかりやすい。見本動画がほしいと思っていたので、だったら自分でつくればいいじゃないかと」

23年の秋の大会後は動画撮影に最も時間を費やした。

「一、二塁でファースト方向にゴロが転がったら、サードが前に出てくるとか『この場合はこう動く』という動き方をバックネットから撮影しました。全体を写すので、遠くてちょっとぼやけるんですけどね。完成まで、かなりやり直ししました。やってわかったのは、何もわかってないなということ。見本動画の作成なので画面に映る9人が完璧に動いてないと見本にならないじゃないですか。バックサードならキャッチャーとレフトがサードの後ろでバックアップしますけど、チンタラ走ってきたら見本にならないのでやり直し。来たボールに対してラインに入って構えないといけないのに、構えていなければ見本にならないのでやり直し……。全部見本になるように、バックアップの距離もこだわりました。『投げる人の距離を考えたら、そんなに距離必要ないよね』とか、『もっと距離必要だよね。はい、やり直し』って」

もちろん、送球や捕球も完璧でなければいけない。せっかくストライク送球がいって、バックアップも動いていたのに三塁手が捕球ミスで撮り直し、送球も捕球も完璧だったのに、画面の端に映る外野手が全力で来ていなくて撮り直し、呼ぶタイミングが大事なカットプレーも呼んでいなくて撮り直し……。骨の折れる作業だったが、やる以上はTY＝とことんやる、徹底してやるのが原田監督。時間をかけただけの手応えは得た。

「見本になるまでやれば、めちゃくちゃ覚えると思いますよ。これを毎年やろうと思ってます。見本通りできる人がやらないとダメなので、今回は2年生中心にやったんですよ。来年は来年の中でできる人でやります。これがあれば、ポジションが変わった人でもQRコードで動画を見れば『こうやって動くんだ』とわかるじゃないですか。4月に入ってきた1年生もわかる。その場面でとっさに動けるようになるかは訓練ですけどね。準備ですよ」

言ってわからなければ、攻略本を読む、動画を見ることができる。忘れていたら、攻略本を読んで思い出すことができる。攻略本が手元にあれば、いつでもJK＝準備と確認ができるようになる。わからないのは選手が攻略本を読んでいない、理解していないということ。「聞いていない」や「知らない」といった言い訳は通用しない。

「つくってよかったと思いますね。**明文化するのはいいですよ。自分の確認にもなるし、それこそ（ミスしたとき、結果が出ないときに）戻る場所があるので**」

ちなみに、部外マル秘の冊子を選手に渡して大丈夫なのだろうか。大事な情報が流出する可能性もあるが……。

「表紙に一応マル秘と書いてありますけど、漏れるのを大前提としてつくっているので漏れて困ることは書いてないです。誰に見られても不利にはならないようにしてます。スマホでパシャッとやって、一瞬で拡散される時代ですから。あえて戦術的なことは書いていません。例えば、盗塁なら順番として①タイムで行く、②変化球で行く、③癖で行く。あとはワンバウンドの変化球で軌道ゴーというのがあります。ただ、癖で行くとは書いていますが、その詳細は書いてないです。マル秘とは書いてますけど、正直、誰にでも渡せますよ。これも危機管理能力の一つですよね。そういう意味では、ホント、経営と一緒だと思います。今の時代、漏れることがあってもおかしくないと思うんですよ。だからそうなってもいいように、漏れた場合のことを前提につくっているということです」

伝えたつもりが伝わっていないということは、大人相手にもあること。高校生相手に「何度言ったらわかるんだ」と言ってもしかたがない。伝わらないなら、伝わる方法を考える。わからないなら、わかるまで勉強会をする。わかっているか確認作業をする。まずは、攻略本を頭に叩き込むこと。これがあるから、聖愛野球の基本ができる。自分勝手に動く選手がいなくなる。ノーサイン野球も可能になるのだ。

36 ツールを変えて頭を切り替える

SNSが全盛の世の中。野球部でも連絡の手段としてなんらかのSNSを使っているチームがほとんどだろう。だが、多くのチームで悩みの種となっているのが、連絡（投稿）したにもかかわらず、話が伝わっていないことが多々あることだ。

「今はどこでも何かのツールを使ってると思うんですけど、ほとんどがLINEだと思うんですよね。いろんな職場でもチームでもよく聞く悩みが、LINEだと読み流ししてしまうこと。でも、それはシステム的に当然だと思うんですよ。今の高校生のLINEグループなんて無限にありますよね。それこそ、一日に百通なんて普通に来てるんじゃないですか。そうなれば流しますよ、絶対。あまりに多く来るからごちゃごちゃになってしまってる。〝流し習慣〟がつくのも当然です。だから、なんでもいいのでLINEと違うツールを持つことが必要。脳の切り替えとしても大事だと思うんですよ」

LINEに代わり、聖愛野球部で利用しているのがSlackだ。

「LINEだと、プライベートから家族からいろんなものがまざってしまって頭の中がごちゃごちゃになってると思うんですよね。それをSlackという違うツールを用いるだけで頭が切り替えられる。Slackに来るものは野球関係のことしかない。だからSlackに来たものはイコール野球部のものだと切り替えられると思うんですよ」

ツールを変えることで頭の中を切り替える。流させないための工夫だ。そのうえ、SlackはLINEのように投稿が流れていかない仕組みになっている。バッティングの話は「バッティングチャンネル」、守備の話は「守備チャンネル」と項目を分けて投稿することができるので話がごちゃごちゃになることもない。

また、グループLINEだと既読者の数しかわからないが、Slackは絵文字で反応することで誰が読んで反応したかもわかるようになっている。

「Slackはいいと思います。今は多くの職場でSlackに切り替わってると聞きますよ。DMとプライベートチャンネル（＊招待された人だけが見られるチャンネル）以外はどこで何が起きてるかチャンネルごとに見れるので透明感がある。**全員に〝見える化〟**されているのもメリットだと思います。動画を送るのに時間がかかるとか、無料版だと三か月したら過去の投稿が消えてしまうというデメリットはありますけどね。関西学院大学のアメリカンフットボール部もSlackを使っています。マネジャーやアナライザーが練習の動画を常に撮っていて、その日の練習を専門チャンネルに全部上げると言ってました。Slackはタジケンオンラインサロンで使ってみて、いいと思って野球部でも採用しました」

チーム内の関係づくり、距離感を縮めるためには透明感が必要。その意味で、誰が誰とどんなやりとりをしているかがわかるのは大事だ。

「よっぽどのことでない限り、DMもなしにしてます。私との練習メニューの相談もDMで来るんですけど、それはDMじゃなくて練習メニューチャンネルで相談する。メンションをつけて投稿して、そこに返信で私が回答すれば〝見える化〟されるじゃないですか。メニューを決めるのに監督とこういうやり取りしてるんだっていう。透明感があるので、信頼度が増すと思うんですよ。トレーニングに関しても直接DMで聞くんじゃなくて、トレーニングチャンネルで私宛にメンションして聞くとか、成田（暢平）トレーナーにメンションして聞くほうが透明感が出ると思うんですよね。悩み事やプライベートなことは直接DMでいいと思うんですけど、**やりとりが見えるほうがいい**。そういう使いかたもできるので優れものだと思います」

メンションをつけることによって、他の投稿に流されたり、埋もれたりする心配はない。やりとりが見えることによって、同じ悩みや疑問を持っていた選手は参考にすることができる。より深掘りして質問することもできる。

伝わらないなら、なぜ伝わらないのかを考える。流されないようツールや仕組みを変える。

どんどん新しいツールが生まれる世の中。野球部の活動がスムーズに行えるよう、指導者は工夫しなければいけない。

37 SNSでチームの活動を発信する

誰もがスマートフォンを持っている時代。野球人口が減少している昨今、自分たちの活動内容を発信するのにSNSの利用は欠かせない。今や多くのチームがSNSでの発信活動をしているが、聖愛野球部もFacebook、Instagram、TikTokによる情報発信をしている。以前はやっていなかったことだが、なぜ力を入れるようになったのか。

「一番は勝たないと取り上げられないからです。高校野球以外でもなんでもそうなんですけど、今の日本の現状だと勝たないと発信されない。または、勝ったとしても発信されるのは一部だけ。しかも、本質をついていないことが発信されるのが現状じゃないですか。だからです。幸い今はSNSがあって、誰でも自由に発信できる時代。だったらこれを使わない手はないなというのが一番大きな理由ですね」

マスコミは表面的なことしか見ていない。2023年夏の甲子園で慶應義塾が優勝したときはサラサラヘアの髪型と「エンジョイベースボール」ばかり話題になったが、慶應野球部が定めている部訓や心得を取り上げたものは見なかった。エンジョイという響きから自由なイメージがある慶應だが、心得の要旨を紹介すると『カンニングをしたらクラブへの参加を認めない。退部勧告もある』、『練習時の服装は白いユニフォーム、練習帽、紺のアンダーシャツ。他チームのTシャツ等は認めない』、『遠征時の服装は慶應の学生服か野球部のポロシャツ』、『休日に練習を休むときは必ず本人が電話をすること』など当たり前だがなおざりになりがちなことが明文化されている。部訓で取り上げられている文武両道についても厳しく、清原和博（元オリックス）の息子・勝児が留年して話題になったように野球部だからといって特別扱いはまったくない。結局、マスコミは一般人に受けそうな一部分だけを切り取って報道しているだけ。まさにSNSと同じ、バズればいいという意識レベルなのだ。

「うちらは活動に自信あるんですよ。いろいろ攻めたこともしてますし。それも、ただやってるんじゃない。理念達成のためにやっています。うちの野球部のたくさんの取り組みを広めたいんです。OBが来れば、OBの紹介も必ずしています。OBの活躍を紹介したい。**うちの野球部のことをみんなに知ってほしい**というのが一番です」

間違ってはいけないのは、SNSを重視はしているが、最優先にしてはいないこと。SNSを利用することで外ばかり見てしまいがちになるが、あくまで大事にするのは身内だ。

「ビジネスから学んで、集客の仕方はわかってます。**集客の仕方には二つあって、まずはチー**

ムのクオリティをとにかく上げること。これが第一です。いくら売り方がうまくても、味がまずかったら誰も食べに来ないじゃないですか。とにかくクオリティを上げることです。**大事なのは中（チーム内）にいる人たち、中にいる親を大切にすること。ファンをコアファンにする。そうすれば勝手に宣伝してくれますから**」

どんなときも、倫理法人会で学んだ順番を忘れてはいけない。最も大事にすべきなのは、今現在、チームに所属している選手やその親だ。彼らが「聖愛の野球部に入って成長できた」「聖愛の野球部に入ってよかった」と思えば、周りの人たちに「聖愛はいいよ」と宣伝してくれる。生の声に勝るものはない。それがあったうえで、SNSを活用するのだ。

「**集客の仕方のもう一つは売り方です。宣伝の仕方。宣伝としてSNSをやっています。**Facebook、Instagram、TikTok。毎日の活動はこの三つで発信しています。Facebookは実名で登録するので大人向け。InstagramとTikTokは誰でもやってるので幅広く発信をするため。かなり幅広く、何かあるたびに発信しています。2、3日に一度の割合でマネジャーが実名を使って発信します」

野球部内にSNSリーダーを置き、自信を持っている自分たちの活動内容をファンに向けて発信する。

「ただ、勝手にはやらせてないんですよ。まずは野球部で使っているSlackの『ＳＮＳ投稿チャンネル』に文章や写真、動画をあげてもらって、私に『これでどうですか』と訊く。ときどき、『これを発信したら、ネガティブキャンペーンになっちゃうぞ』というものもあったりしますからね。その場合はダメと言います。また、文章表現がおかしい場合もチェックして、必ず私のＯＫを取ってから配信というかたちにしています」

ＳＮＳで発信していて気づいたことは、「いいね」がよくつく時間帯とそうでない時間帯があるということ。ゴールデンタイムは夜の7時から10時までの間だ。ただ発信するだけでなく、表現方法や時間帯も考え、誰に届きやすいかを計算することが必要になる。

「**ＳＮＳでの発信活動はキャリア教育**になってますね。どんな投稿が受けるか、『いいね』の数でわかるじゃないですか。TikTokなら再生回数とか。編集作業も必要ですし、配信する時間を考えないといけない。客観的に受けるようにちゃんと考える訓練になっていますね。集客やデザインの訓練にもなってると思います」

高校生は後先考えず、受ければいいと考えがち。だが、発信するのはバズらせるためではない。野球部のブランド価値を高めるためだ。目的を達成するための発信になっているかどうか。常に考えるから鍛えられる。

ＳＮＳによる発信は好評で順調にフォロワー数も伸びているが、ＳＮＳには弱点がある。それは、投稿が流れていってしまうこと。時間がたつと検索するのも困難なほどどこかへ行ってしまう。そもそもＳＮＳは「流し読み」をするものであるため、読む人も軽く読む場合が多く心に残りにくい。そこで、野球部のホームページも立ち上げた。ホームページには理念や歴史、活動内容、ノーサイン野球を目指す意図などが書かれている。

「ＳＮＳは流れていくので目に止まらないときがあるんですよ。でも、ホームページを見れば方針から何から全部わかる。**一番の根本となるぶれないものということでホームページを作成しました**」

ホームページはデザイン会社に依頼して作成したが、その際にはその会社の人とこんなやりとりがあった。

「ホームページをつくる目的は、『聖愛野球部の価値をもっと高いものにしたい』ということ。日々の投稿はＳＮＳでやってますけど、ホームページがあることでもっと価値が高まる。ブランド力をもっと出したいと伝えたんです。そしたら、『それじゃもったいない』と。『聖愛の野球部は、企業人から見ても見本となる取り組みをしてる。社会に必要な野球部だよ。それぐらいの取り組みをしてる。だから、経営者とか他のスポーツ指導者から見ても聖愛の野球部のホームページを見たら勉強になる、そこにすべて答えが書かれてるよというようなホームページをつくりたい。社会に必要なホームページをつくれるよ』と言ってもらった。それにすごい感動しました。それだったら、**社会に必要な野球部、社会に必要なホームページ**をつくろうと。そう思ってできたのがあのホームページです。もうちょっと早くやっておけばよかったなと思いますね」

２０２３年12月4日に完成したホームページのアドレスは次の通り（弘前学院聖愛高等学校硬式野球部 https://seiai-baseball.com）。想いのこもったホームページをぜひ見てもらいたい。

ＳＮＳでの発信活動、ホームページに力を入れるが、原田監督自身は原点を忘れてはいない。

「ＳＮＳもホームページも枝葉のこと。**一番はとにかく私が出て歩くこと。どぶ板営業が一番**ですね」

監督自身が野球界はもちろん、ビジネスの世界の人にも積極的に会いに県内外に出て行っている。時代の流れに合わせた発信活動と昔ながらの泥臭いどぶ板営業の両方で、聖愛野球部の魅力を伝えていく。

38 父母に向けてボイスメッセージを送る

指導者の中には父母会との関係に悩んでいる人も多い。チームが勝つためには父母会も一体となって戦う必要がある。父母たちとの関係づくりのために原田監督が考えたのがボイスメッセージを送ることだ。iPhoneにあらかじめインストールされているボイスメモの機能を使って録音。毎週一回、日曜日に10～20分の長さで配信する。

「父母会の方との信頼関係をより強固にするためにも、**父母会のみなさんとの共通言語を増やしたい**。これが一番ですね。聖愛に入った時点で（父母たちは）結構ファンなんですよ。その**ファンをコアファンにするという目的**もあります。あとは単純に**透明感を出したい**というのがあります」

以前から、父母会に対して何かしたいと思っていた。メールマガジンの配信も考えたが、日常的にVoicy（音声配信のプラットフォーム）を聴いていることもあって音声配信を思いついた。

「これからは音声の時代だっていうのは数年前にVoicyが出た頃から言ってたんですけど、実際に毎日Voicyを聴いていて、やっぱり音声って便利だなと。**音声のいいところは、ながら聴きができること、温度感が伝わること。**文字だと『本当にありがとうございました』と書いてもあまり伝わらないですけど、音声だと『ほっんとうにありがとうございました』と言えば、すごく伝わるじゃないですか。声のテンポ、高さ、強弱で温度感が伝わる。それと何よりも、自分がVoicyのパーソナリティになりたいっていうのがありました（笑）。発信するのは1週間にあった出来事、それに対しての自分の考え方。自分が最近考えていること。あとはプロセスエコノミー＊ですね。『今、こんなことをしかけてます』というような」

＊完成品はすぐにコピーされる時代。プロセスにこそ価値が出ると考え、完成品ではなく制作過程を売る考え方。

新しい取り組みやアイデアを現在進行形で発信する。野球部のホームページを作成しているときも、進捗状況や遅れている理由などを逐一報告した。2021年秋の新チームから始めてしばらくたつが、父母からは好評を得ている。

「親と会うたびに『先週の放送、聴きましたよ』と言われますね。そのとき直接言われた感想を次の回で『こんなことを言われて嬉しかったです』と放送するので、また言ってもらえる。あとは私に直接ではなく、うちの妻（佳澄さん）にしゃべる人もいるんです。娘（璃乙さん）

がマネジャーでうちの妻も今は父母会なので。『うちの旦那が毎週月曜日、今週も仕事始まるんだって憂うつな気持ちで出発して行くんだけど、出勤する車の中でボイスメッセージを聞くと今週も頑張ろうって思えるって言ってたよ』なんて話を聴いたりすれば、めっちゃ嬉しいじゃないですか。それをまた発信するんです。たまに〝コラボイス〟と言ってゲストに登場してもらうこともあります。小山（憲仁コーチ、原田監督とは弘前工業の同級生）と二人で無駄話をしたりもするんですけど、原田一範の素の姿が見えると好評なんです」

筆者も複数回〝コラボイス〟で出演した経験があるが、ある父親から「聴きましたよ」とすぐにLINEが届いた。みんな楽しみにしているそうだ。〝コラボイス〟には、選手が登場することもある。23年の秋に東北一年生交流大会で優勝したときは、大会で活躍した二人の選手が呼ばれた。

「この二人は本当に目立たないんですけど、『ザ・Do for others』。秋の大会ではベンチ入りの候補に挙がることもなく、データ班でした。朝5時に起きて、5時半の電車に乗って八戸の球場までデータを取りに行った。お金を預けたらちゃんと領収書をもらってきて、ちゃんとデータを取ってきた。東北大会ではチームが横手の球場で試合をしているときも、（秋田市の）こまち球場でずっとデータを取っていました。宿泊先もなくて、こまち球場の近くのカプセルホテルに二人で泊まったんですよ。すっごいちゃんと仕事してくれた。そんな彼らが活躍して優勝したのは嬉しいこと。それで出てもらいました。自宅生は親と一緒にボイスメッセージを聴いているのもわかってますからね」

その放送の中では、あえて自動芝刈り機という言葉を使った。自動芝刈り機というと「言われたことしかやらない」とネガティブに捉える人がいるが、実はそうではない。どんなに暑い日もどんなに寒い日も必ず指示したことをやってくれる。機械なので文句は言わないし、「今日はモチベーションが上がらない」「やる気が出ない」ということもない。いつ、どんなときでも必ず仕事をやってくれる。任された仕事は100パーセントやる、信頼できる存在なのだ。守破離でいえば、「守」。決められたことをちゃんとやる。1年生大会で活躍した二人も、自動芝刈り機と同様、任された仕事を全うしたから結果が出たという話をした。

「二人とも寮生なので、2年生たちに聞いてみたんです。『この二人は寮でどうなの』と。そうしたら、『群れずに自分たちでやることをしっかりやってくれるし、お願いしたことをちゃんとやってくれる。食事当番とか面倒なことも嫌な顔せずにやってくれます』と。そんなエピソードも入れて、『メンタルが安定してるから活躍できたんですね』と発信したんです。そんな感じで話せば、**共通言語、共通の価値観がつくれる**じゃないですか。**自動芝刈り機の意味だ**

とか、凡事徹底の意味だとか、ノーサイン野球の意味だとか。共通言語、価値観を合わせるためにボイスメッセージを使ってやってます。自分も気持ちいいですし、みんなのためになっている気がしますね」

原田監督のこの取り組みを聞いて、タジケンオンラインサロン内では複数の指導者が父母向けの音声配信を始めたが、それ以外にやっている人がいるとは聞いたことがない。野球部は今、どんな目的で何に取り組んでいるのか。チームの現状はどうなのか。声から監督の熱が伝わり、コメントをもらうことで父母とコミュニケーションを取ることもできる。父母会との関係づくりに悩む指導者の方は、ぜひマネをしてみては？

39 原田一範プレゼンツ感謝祭を開く

少しでも厳しくすればパワハラといわれる時代。近年は指導者の立場が弱くなり、親との関係づくりに頭を悩ませている指導者は多い。だが、原田監督はその悩みとは無縁だ。ボイスメッセージに代表されるように自らどんどん歩み寄り、関係を近づけていく。

「親にファンになってもらう。ファンをコアファンにする。その手段がいろいろあるということです。正直、ファンになれない親、またはファンになったけど監督に裏切られた気分になって〝反・原田〟になる人もいないわけないと思うんですよ。親だって人ですから。自分の子どもが試合に出てないとか、自分の子どもがこんなこと言われたとか、もちろんあるじゃないですか。そのときにコアファンの力が強ければ、コアファンが多ければ、反対派の人たちをなんとかしてしまうんです。**コアファンは強い。正義の味方です。**考え方としてはファンクラブと一緒ですよ。それが一番わかりやすいんじゃないですかね」

親たちとのさらなる関係づくりのために、2024年の1月に初めてしかけたことがある。それが、〝のりさんプレゼンツ　飲んで　笑って　楽しんで　大新年会〟だ。父母会の新年会を自らプロデュースさせてほしいと手を挙げた。

「**ファンをコアファンにするためには、こっちから近づいていって、たくさんおもてなしをするのが大事**だと聞いたんです。それで、やらせてもらっていいですかと。要は、父母会の新年会に監督が行って飲む意味を変更したということです。その場を利用して原田一範が父母会のみなさんに感謝を伝える。サプライズをして楽しませる」

会場のホテルに相談し、会場内で火を使えるか確認。ＯＫが出ると、すぐさま飲食店をやっている知人に連絡。ハンバーガー、スープカレー、たこ焼きの3種類のフードブースをつくった。用意したのは50人前ずつ。たこ焼きのブースのある場所は〝甲子園通り〟と名前をつけて夏に甲子園に行くイメージをさせた。司会はＯＢの親のフリーアナウンサーに依頼した。

これ以外に知人から借りたＷＢＣ日本代表のチャンピオンリングを自由に触って写真撮影ができるブース、聖愛野球部のオリジナル応援歌を小山コーチに歌ってもらう余興も好評だったが、メインは原田監督が自らすべてのテーブルを回ること。直接コミュニケーションを取ることだ。

「いつも飲み会をやると、指導者とスタッフは座っていて、（父母の）みんなが来るかたちなんですよね。そうではなく、**私がテーブルを回って話をして歩きました。**始めのあいさつが終わって10分ぐらいご飯食べたら、残りの時間から逆算して各テーブルを回る。各テーブル5分ぐらいでした」

主催者が自ら回るからコアファンになる。そのためなら、労力は厭わない。もちろん、このイベントもボイスメッセージで1～2か月前から告知している。

「**種は明かしたほうがいいんですよ。**お楽しみっていうよりもね。ただ、『原田一範プレゼンツだからといって、出席しなければならないと思って出席するのはやめてください』という話はしました。『出席しないからといって、その人が周りからひかれるような雰囲気はつくらないでください』と。こういうことは毎回言ってますね。父母会が乱れる理由はそこだと思うので」

プロセスエコノミーで種を明かして楽しみにさせ、出席しなければいけない行事から出席したいイベントに変えた。

「普通の新年会、懇親会に参加したら監督は座ってるだけ。（お酒を）注ぎに来る人は来るけど、来ない人は来ない。そうなると注ぎに来る人と話を多くすることになるので、ちょっと情が出たりすると思うんですよ。多く話した人に情が入る。話した人の子どもに情が入る。これは人間の心理だと思うので、そういう機会がないのはいいですよね。自分が各テーブルを平等に回ったら、そのテーブルのみんなの前で話すことになるので、情が移ることはまったくないなと思いました。これはいい仕組みだなと思いましたね」

ちなみに、資金面では大失敗。ホテルの飲食代以外の費用は原田監督の自腹だが、なんと10万円以上かかった。

「以前から500円貯金をしてるんです。貯金箱にフルで貯まると10万円ぐらいになるんですよ。1年半から2年ぐらいで貯まるんですけど、貯まった10万円は人のために使うって決めてるんです。それを今回、その費用に充てました」

本人は、「これも投資だと思ってます」と笑うが、普通はできるものではない。まさに〝ここまでやるか〟のKY精神だ。

「何度も言いますけど、**コアファンを増やすこと**なんですよ。リピーターも増えるだろうし、その親御さんたちが一番の発信者になってくれる。コアファンがファンを呼ぶし、ファンをコアファンにさせる。コアファンたちは、ファンの中で変なことしてる人がいたら許さないですしね。私の中ではこれをやればチームもよくなるという法則。なので、それをやってるだけです。今は父母会のファンの熱量は高いですよ。父母会が〝のりさん〟って呼ぶのも、ちょっといいのかもしれないですね」

楽しみながら親との関係をつくる。これが原田一範流なのだ。

40 引退をなくす

引退――。

誰が言ったか、何十年も前から野球部は3年生の夏の大会が終わると引退といわれる。引退イコール部活動も終わり。まだ学校生活は続くのに、途端に野球部にはほとんど顔を出さなくなってしまう。これに違和感を抱いていた原田監督はコロナで甲子園がなくなった2020年の3年生から引退をなくした。

「もともと引退って嫌だなと思ってたんです。野球だけ引退というのが強いんですよね。体操競技は自分たちの大会が終わっても普通に練習に行きますし、サッカー、ラグビー、バスケットは冬に大会がある。野球は夏に大会が終わりますからね。そこに、マスコミの影響もある。〝ラストミーティング〟とかいって取り上げるじゃないですか。なんかちょっとおかしいなと思いますよね。**野球は他競技より〝引退臭〟というのがすごくあるんですよ**」

数年前まで野球部は丸刈りがほとんどだった。夏の大会が終わると髪を伸ばし始めることもあり、他競技よりも変化が大きい。

「容姿も心も180度変わるわけじゃないですか。それは乱れる子は出ると思いますよね」

ちょうど20年の3年生から髪型を自由にしていた。コロナによって夏の甲子園もなくなった。代替大会は行われたが、不完全燃焼。彼らに最後まで野球をやってもらいたかった。野球を好きでいてもらいたかった。

「**『好きだから野球しよう』という風土**をつくりたかった。夏が終わったから引退じゃない。卒業後も野球を続ける人は練習しに来ればいいし、野球を続けない人も後輩たちにずっとサポートしてもらったんだからそれは返すべきですよね。あの代の子たちは、Do for othersの気持ちをすごく持っていたので、いい見本をつくれるなと思ったんです。彼らはコロナで甲子園がないという本当につらい思いをしましたけど、聖愛のよき伝統をつくってくれた学年だと思います」

引退はないとはいえ、やはり、試合をしないとつまらない。20年は夏の大会が終わった夏休みに明桜の3年生と3年生同士で試合をした。2022年以降は10月に3年生チームがリーグアグレシーバといわれるリーグ戦に参加。木のバットで臨み、大学野球に備えている。

41 夏の大会の敗戦後も振り返りミーティングをする

なぜ〝引退臭〟が出てしまうのか。

それは、変化があるからだ。変化の代表例は髪型。その他には、区切りが挙げられる。夏の敗戦を区切りにして、それまでやっていたことをやらない、もしくはやらなくなることが多い。

その典型的な例のひとつは夏の大会の敗戦後のミーティングだろう。それまでの試合は試合後に反省ミーティングをして、次の試合に活かそうとする。ところが、負けたあとは反省をしない。〝ラストミーティング〟と称して3年生を称えるミーティングになってしまう。聖愛ではそんなことはしない。夏の大会の敗戦後もそれまでの試合と同じようにその試合を振り返るミーティングを行う。

「夏の大会で負けてダメ出しをするのはどこもやってないでしょう。日本で聖愛だけじゃないですか。**夏の大会が終わっただけだからという風土をつくりたいので、夏の大会が終わってからも振り返りミーティングをするのは当然ですよね。負けたあとのミーティングは大事**。私から言わせれば、『何泣いて〝終わり感〟出してんだよ。ちゃんと振り返ろうよ』という話。何がよかったか、何がダメだったか、最後に何が出たかを検証する。それで悔やめばいいじゃないですか。それをしないで『よく頑張ったな』って言うのは、私は優しさじゃないと思います」

もちろん、ダメ出しだけでは終わらない。3年生に対して「よくここまでやった」という話はする。労いの言葉もかける。だが、それで終わってしまっては負けた意味がなくなってしまう。

「なんでみんなやらないんですかね？　なんでラストミーティングをするんですかね？　勝つだけが目的なんでしょうね。負けたら終わりだからやらない。そうじゃなくて、その後、**野球をやらない子だったとしても、ちゃんと振り返って『なぜ負けたのか？　原因はなんだったのか？』を振り返ることは今後の人生のために必要**だと思います」

ただ、ここで問題になるのが父母たち。夏の大会で負けると「最後の記念に」と言って子どもたちと一緒に写真を撮りたがる。

「そこはちょっと理解してほしいところなんですよ。気持ちはわかるんですけど。もちろん一区切りではありますけど、終わりじゃないですから。それやっちゃったら終わり感が出ちゃうんで」

夏の大会と同様、もうひとつ、区切りをつけさせないことがある。それが、SPD（92ページ）だ。以前は夏の大会が終わると同時に3年生は書かなくなっていたが、引退をなくしたあとは3月31日まで書かせるようにした。

「3月31日まで日誌を書く学校はないんじゃないですか。卒業式までじゃないですよ。ページが3月31日まであるので、最後のページまでやり抜こうと。これも、すごく大事だと思うんですよ。**最後まで書けばやりきった感が出る**じゃないですか。最後までやりきれば、結構自信になると思うんですよね。ここまで書いたのは自分たちだけだぞという気持ちも出る。それに、最後まで書いて初めて達成感も出ると思うんですよね」

SPDは3年間の自分物語。物語が途中で終わってしまうのはおかしい。物語は完結させて、初めて価値が出る。

「卒業後にもう一冊くださいっていう子もいますよ。やりきったあとに『もう一冊ください』と言う子がいるのは嬉しいですね。卒業して2年目にもう一冊という子はいないですけど、SPDを使わなくても自分の手帳に今日やること、今日できたこと、感謝することは書くようにしているという子が多いですね。書かないと気持ち悪いって。仕事でも、今日やることのリストを書いているという子がいます。高校のときやっていたのが習慣になってるんですね」

夏の大会が終わると問題行動が増えるチームもあるが、それは引退を意識させてしまっているから。区切りをつけてしまっているのが問題だ。

「ラストミーティングをしない。最後の振り返りミーティングまでしっかりやる。SPDも3月31日まで出す。プツッと切れるタイミングがないですよね。引退って言っちゃったら切れるじゃないですか。ラストミーティングをしてしまったら切れるじゃないですか。最後の試合だけ振り返りをしなければ『終わりなんだ』って切れるじゃないですか。『もうSPDを書かなくていいよ』って言ったら切れるじゃないですか。とにかく、終わり感を排除しているので引退のない空気感は出ていると思います。なので、素行は悪くならないです。逆によくなってます」

気が緩むのは高校生にばかり問題があるわけではない。区切りを感じさせないための仕組みづくりがないからでもある。指導者がやるべきことはとにかく仕組み化。仕組みさえできれば、高校生の行動は変わる。

42 社会人経験を活かす

弘前工業を卒業した原田監督が選んだのは介護の専門学校だった。

「高校卒業して、何をして働きたいとかはなかったんですよ。大学に行く頭も、大学に行くお金もない。働く気もない。病院に勤務していた両親から『これからは福祉の時代だ。弘前に介護の専門学校があるから、そこに行けばいいんじゃないか』と勧められて、正直、介護がなんだかわからなくて行ったんです。介護は看護のことだと思ってたんです。福祉って福士さんがやってるんだと思ってたんですよ（笑）。そのぐらいの感覚でした」

基本にあるのは、「まだ働きたくない」という思い。「親がいいと言ったから行った」というありがちな理由だった。

「学校に行きながら弘前工業でコーチができるというだけで選んだんです」

なんとかなるだろうと軽く考えていたが、行ってみると大変な世界だった。

「お年寄りのおむつを取り替える、お年寄りをお風呂に入れると聞いて、最初は『いやいやいや、無理だべ』という感じでした。入ってすぐに実習があるんですよ。おむつ交換のときは一応、透明の手袋をするんですけど、気がつけば破れてるんですよ。気がつけば、うんこが爪の中に入ってるんですよ（笑）。そのうんこを取ろうと思って爪の中に爪を入れれば、余計うんこが深く入っていくという（笑）。お風呂に入れてるときも、うんこが浮かんでくるんですよ（笑）。でも、慣れって怖いですよ。慣れたらなんとも思わなくなった。今はなんとも思わないですから」

2年間専門学校で学んだあとは老人ホームに就職。1年間働いたが、完全なる体力勝負の仕事だった。

「夜勤のときは、100人いる施設を三人体制でやるので担当が一人30人。30人のオムツ交換を一晩で四回やるので、一回、夜勤をやればオムツ交換が延べ120回ですよ。それを一人でやるんですからね。めちゃくちゃきついです。30人の歯を磨くのも一人でやるし、30人を起こして、着替えさすのも全部一人でやるんです。当時20歳の原田一範でも、体力的にめちゃくちゃきつかったですね」

それだけではない。相手がお年寄りだからこそ、という経験もした。

「人の死を目の当たりにすることが多かったですね。巡回していたら亡くなっていたというのは普通にあったので。20歳にして死と向き合う機会を経験できたというのは、よかったのかどうかわからないですけど……。ただ、最初は自分の施設の人が亡くなったとなればすごくショックなんですけど、日常茶飯事。嫌な話なんですけど、よくあることなので慣れるんですよね。死後処置もしました。もちろん、看護師の指示に従ってですけど。あらゆる穴に全部綿を詰め込んだりしましたね」

社会人2年目からの2年間はホームヘルパーとして働いた。依頼のあった家庭を訪問し、要望に応える。各家庭によって注文や評価基準が異なるため、自然と鍛えられた。

「家事援助といって、掃除をするときもあれば、料理をするときもあれば、買い物するときもあります。掃除は普通に掃除をするんですけど、ここで徹底力を学びましたね。あるおじいさんのところに行ったら、掃除が終わったときに指で触ってチェックされるんです。指についたほこりを見せて『全然掃除されてない』と言われる。上から下まで本当に徹底してやりました。男性の一人暮らしの家では、食事をつくる場合もあるんです。一番困ったのはホヤ。『冷蔵庫にホヤが入ってるから、ホヤの水物つくってちょうだい』と言われたんですけど、見た目が超グロテスクなんですよ。ピッコロ大魔王の頭みたいな感じなんです（笑）。料理の仕方がわからなくて、母親に電話して聞いてやりました。勉強になりますよね」

料理では、若気の至りでの失敗談もある。

「ある家に行ったとき、『冷蔵庫に松茸が入ってるから、それだけには手をつけないでくれ』

と言われたんですよ。でも、松茸なんて食べたことないじゃないですか。ちょっとちぎってレンジで焼いて食べたんです。『これがマツタケか』と思って、幸せを感じたんですよね。そしたら、その日の夜に戻してしてしまった。下痢までして2日間入院しました。松茸じゃなくて毒キノコだったんです（笑）」

この他には介護援助といってお風呂を準備しての入浴介助、おむつ交換などもやった。

「ホームヘルパーは体力的には楽なんです。一日に四件か五件回ればいいだけなので。その代わり、老人ホームと違って結構頭がしっかりしている方が多いので気を使いますね。ホームヘルパーをやって学んだのは家族との連携です。老人ホームは自分の担当の利用者が4人いるんですよ。その4人の家族とも連絡を取ることはあるんですけど、体調が悪くなったときぐらいで多くはないんです。でも、ホームヘルパーはいろんな家がありますから大変でしたね」

自分の意のままにならない、思うようにならないのが仕事。どんなに嫌なことでも、大変なことでも任された役割はやらないと終わらないのが仕事。お金を稼ぐのがどれだけ大変かを学んだことは大きかった。

「若いときにそういう経験をしておいたのはすごくよかったと思います。今、この歳になってやれと言われたら、『やらなくていいです』ってなるじゃないですか。人の死を何回も見たことがある人はあまりいないと思います。それこそ、死後処置をしたことがある監督もいないと思いますよ」

ふり返ってみれば、貴重な3年間。学校の先生どころか、一般人にはなかなかない経験をしたことも常識にとらわれない原田監督のスタイルとなって影響している。

43 通信教育経験を活かす

夏の大会に入ると決勝戦までの毎日の行動スケジュールを組むのは当たり前。普段からSPDに行動計画を書く原田監督だが、そのきっかけになったのは教職免許を取るために日大の通信教育を受けたことだ。

「弘前工業でコーチをやっていたので、将来は学校で働きたいと思っていたんです。そしたら、横浜監督から『教員免許を取ったほうがいい』と言われたんですよね。『通信教育という手もあるぞ』と勧められて19歳の10月に入学しました」

ところが、入っただけ。「面倒くさくて」3年間は〝幽霊学生〟だった。

「当時は授業料8万円。親に3年で24万円払ってもらっただけで、何もしなかったんです」

そんな原田監督が変わったのは高校の同級生がワーキングホリデーでオーストラリアに行ったこと。当時の原田監督は海外に行くなんて考えもしなかった。

「『人生を変えないとダメだ。このままじゃダメだ』と言って、誰も知らないところになんのつてもなしで行ったんですよ。それにすごい刺激をもらいましたね。『オレは何をやってるんだ』と。そこから本気出して通信教育をやって、2年半で200単位取りました。教職も高校の地歴、公民、高校の商業、中学校の社会と取れるものは全部取りました」

単位を取るためには、まずは教科ごとに提出するレポートで合格しなければならない。その後、年4回ある単位習得試験に合格する必要がある。また、夏休みには東京に行って実際に授業を受けるスクーリングもある。

「何月はこの教科の試験がありますという1年間のスケジュールが4月に送られてくるんですよ。それを見て、卒業するために、教職を取るために、いつどの試験を受けるのか、いつスクーリングを受けるのか、1年間の計画を全部自分でしないとダメなんですよ。決めたらあとは逆算で、このレポートをいつまでに出さないとダメだとやっていくんです」

高校卒業後、4年目に勉強し始め、聖愛の監督1年目の終わりにようやく卒業した。レポートは当時つきあっていた妻・佳澄さんにも手伝ってもらい、夏休みは部活を休んで東京にスクーリングに行った。スクーリングでは知り合いをつくって単位の取りやすい先生の情報を得るなど、なんとか単位を取得した。

「大卒の資格を取ったからといって給料が高くなることはありません。教職を持っているからといって、それを活かしているわけではありません（*原田監督は事務員）。大卒資格、教職免許がプラスになっていることはないですけど、**通信教育をやってゴールから逆算して計画するプランニング能力は磨かれましたね。**それと、できないことは人に頼る能力は磨かれました（笑）。高校卒業後、聖愛に入るまでの5年間で学んだことで、最も自分の中で経験値となっているのが通信教育です。通信教育で卒業するのは2割。8割はやめていくって言いますからね。とりあえず大学に行くよりも、よっぽどいいと思いますよ」

ゴールから逆算して計画を立てて行動する。このときの成功体験から、原田監督は選手たちに常日頃から計画を立てる大事さを説いている。夏の大会時に配布する予定表にも「準備や計画をしないものは失敗の準備や計画をしているのと同じである」と書いているほどだ。

「計画することの大切さは、経験していない人にはわからないですよね。自分は通信教育のときの経験が根本にあるので、SPDもやってるんだと思います。**SPDには月、週、日ごとに目標を書く欄があります。日程を見て逆算して、計画を立ててプランニングする仕組み**になっているんです」

歩いていて、たまたまゴールに着いたということはない。ゴールがどこにあり、そこにたどり着くために、いつまでに何をすればいいかを考える。逆算思考の習慣が現在の原田監督をつくっている。

44 誰にでも会いに行く 「とりあえずやる」の「TY精神」 その1

とりあえず、やる。

これが原田監督の最大の長所だ。失敗を恐れず、なんにでもチャレンジする。誰にでもアタックしていく。

「創部3年目ぐらいのとき、箕島高校の尾藤（公）元監督が弘前に講演に来ると聞いて、飛び込んでいきました。それで、次の年に箕島高校と練習試合を組んでもらった。本当に何もないときですから、試合をしても20対0とかなんですけどね。その翌年ぐらいに、今度は星稜の山下（智茂）監督（当時）が弘前に経営者対象の講演で来たんですよね。それにも行きました。経営者対象だったので、私しか野球関係者はいなかったんですけど、そこから山下監督にかわいがってもらうようになりました。20代はとにかくいろんなところに行きまくって、やりまくった。**がむしゃらにいろんな経験をしたことで、いろんな出会いがありました。**尾藤さんと山下さんというのは一つの例であって、ほかにもいっぱいあります」

元女子校の聖愛。名前も知られていないときから、東北地方の主な強豪校にはすべて出向いた。県内で少しずつ勝てるようになると、今度は横浜や浦和学院など関東の甲子園常連校にも行った。断られるのを承知で、とりあえず電話をした。断られても何度も電話し、なんとかお願いして、練習試合を重ねていった。若い指導者によくあるのが、「うちなんか迷惑をかけるだけなので……」と遠慮すること。だが、原田監督にはそれがない。なぜ、ガツガツ行けたのか。

「そのルーツは、私は何もないからですよ。普通に大学を出てたら、もしかしたらその大学のパイプとかに頼ったかもしれないし、ちょっとしたプライドみたいなのがあって、そこまでできなかったのかなと。なんのしがらみも実績もなかったのがよかったんです」

とはいえ、普通は天下の横浜に青森の無名の若手監督が電話する勇気も出ないものだ。

「それは、誰しもそうだと思います。自分だって、小さい頃からそんな積極的だったかといったらそうじゃないですよ。なぜできたのかといったら、劣等感だと思います。自分は金木中学校のとき、軟式野球のライトの補欠なんですよ。金木小学校のときはエースでキャプテン。県でチャンピオンになったこともあるんですけど、中学校に行って1年生のときに肘を壊したんです。そこからは全然ダメで最後は補欠ですね。補欠だからバカにされますよね。高校に行って努力して、最後の夏はキャプテンでサードのレギュラーで出たんですけど、青森北に初戦敗退ですよ。バカにされますよね。バカにされているという劣等感しかなかった」

劣等感に加え、聖愛の監督になった当初は言いようのない悔しさを味わわされた。

「創部1年目、聖愛に来たときに校長先生に『野球に力を入れる気はありません』と言われたんですよ。『共学だから野球部をつくっただけであって、もし強化するんだったら、あなたのような実績のない人は呼びません』って。その通りだと思いましたけど、悔しいじゃないですか。確かに保険なし、年俸200万の1年契約だったんですけどね」

それまでは、弘前市の社会福祉協議会でホームヘルパーをしていたため、ある程度の収入はあった。働きながら母校の弘前工業でコーチをしており、それなりに充実した毎日を送っていた。そんなとき、女子校から共学になる聖愛の野球部監督の話が来た。

「やると決めたのは、親父（順一さん）のアドバイスですね。高校時代、甲子園に行けなかったし、横浜（寿雄）監督がずっと甲子園に行ってなかったので、なんとか母校を甲子園にという気持ちはあったんです。でも、親父が『野球の監督というのは誰でもできるもんじゃない。誰にでもチャンスが与えられるものでもない』と。そのひとことがあって、チャレンジしようと思ったんですよね」

青森県といえば、いつも甲子園に出るのは県外から選手を集めている光星学院（現八戸学院光星）と青森山田の2校だけ。地元の選手がほとんどいないため、高校野球の大会期間中も盛り上がらなかった。

「青森県民もみんなあきらめてましたよね。『光星、山田に勝つのはどうせ無理だ』という空気がいっぱい出ていた。それで、『じゃあ、自分がやってやる』と夢と希望を持って聖愛に行ったんです」

ところが、校長からはいきなりの「野球部は強化しない」という言葉。条件を見ても、期待されていないのは明らかだった。

「それだけじゃないんです。聖愛の教員自体もまったく受け入れてくれなかったんですよ。共学になること自体、反対している人ばっかり。しかも、野球部ができることにも反対する人ばかりでした。4月に歓迎会みたいなのがあったんですけど、そこでかなり言われましたよ。『お前に何ができるんだ？』『お前、実績あるのか？』『大学出てないんだろ？　人のつながりも何もないだろ？』『光星、山田を倒して甲子園行く？　その根拠はどこにあるんだ？』『オレが野球部をつぶしてやる』……。めちゃくちゃ言われたんですよ。忘れもしない、お好み焼き屋ですよ。そのときに太田先生（淳、のちの部長）だけは『オレは野球部をつくって学校を盛り上げるのはすごくいいことだと思う』と言ってくれました。あとはもうほぼ反対ですよ。劣等感と聖愛に来たときの周りの先生たちの反応、悔しさ。今振り返ってみると、これが自分のとりあえずやる精神の源じゃないですかね」

実績がないことも、大学を出ていないことも、人とのつながりがないことも、できない理由にはならない。それは、周りが勝手に言うだけ。やるかやらないか、できるかできないかは自分が決めるのだ。だから、とりあえず行動する。原田監督は、何もないことを強みに変えた。

「そういう意味では、生い立ちと聖愛に来てからの境遇がありがたいと思います。それがなければ、こんなにアクティブにはなってないと思うので。ナニクソと思ってチャレンジして、チャレンジして、とりあえずアタック、とりあえずアタックとやっているうちに、尾藤さんや山下さんのときのようにちょっと成功体験が出てくるんです。もちろん、アタックしてダメなこともありましたよ。大学の関係者に『本当、失礼なヤツだな』とか『なんの実績もないのに来て、あいつは何様だ』って言われたこともありました。そのときは、やっぱりちょっと落ち込みましたよね。こうやって行動しないほうがいいのかなって。でも、**少しずつでも『こうやって人とつながっていくんだ』という成功体験ができていくことで、それがまた次への原動力になっていくんです。**それが快感になってくるというか」

断られながらも、何度もトライしたことでわかったことがある。

「ダメ元で自分から想いを伝えてアタックしていくと、やっぱり、器が大きい人ほど面倒を見てくれるんだなっていうのを感じますね。新しいチャレンジをするとめちゃくちゃ叩かれるんですけど、やってみると圧倒的に応援者のほうが多かったんです。しかも、何をやっても応援してくれる人はランクが高い人が多い。それがわかって、なんでも思いきってチャレンジできるようになりました」

劣等感と悔しさ。これが、とりあえずやる原田監督の行動力の源になっている。

45 素直さを武器にする

「とりあえずやる」の「TY精神」 その2

「うちは環境が違うんで……」

「言っていることはわかります。でも……」

なんやかんやと理由をつけて、やらない。それが人間というものだ。やらない、できない言い訳を見つけさせたら、誰でも天才的にポンポンと答える。だが、原田監督は正反対。言われたことは、あれこれ言わずにとりあえずやってみる。素直さが最大の武器だ。

「原点は小学校のときですね。野球部の監督はうちの親父がやってたんですけど、顧問の先生に卒団式のときに『一範らしさを出せばいいんだから』と言われたことがすごく印象に残ってるんです。『一範らしさってなんですか?』と訊いたら『一範はとにかく素直だから』と。小学校のときって、自分が何者かわからないじゃないですか。長所も短所も何もかもわからないのに、小学校の先生に最後にしゃべられたことがそれだったんです。自分って、素直なんだ。言われたことを素直にそのままやれば、これだけ評価してもらえるんだって自信になったのは記憶にありますね。小さい頃のほうが言われたときのことが記憶に残るというんですかね。大人になってくれば、自分がどんな人かがわかってきますけど、小さい頃は自分がどんな人間かわからないので。これが『とりあえずやる』精神のルーツの一つかなと」

どんな人であれ、自分がよくなるためにアドバイスをしてくれている。わざわざ悪くなるようなことを言う人はいない。そう考え、とりあえずやることを続けてここまで来た。

「ただ、今はなんでもかんでもやってるわけではないんですよね。いいなと思ったことはすぐやっているぐらいで。誰から言われたことも、なんでもかんでもやっていたら収拾がつかなくなるじゃないですか」

そう言えるのは、若いときからとにかくTYを徹底してきたからだ。

「いいなと思ったことに間違いは少なくなってきているのかなと思います。それは、やっぱり若いときにとにかく数をやったのが大きい。だから（いいか悪いかを）判断する能力がついてきてるのかなと思いますね。これは今必要ないからやらなくていいなとか、これはやってもよさそうだなとか。そういうにおいがするんですよね。なんでその判断ができるようになったかというと、どうであれ、まず若いうちに数をやったということなのかなと。具体的に言うと、たくさんのものを買いました。たくさんのこともしたし、たくさんの人とも会いました。もちろん、そこには当たりはずれがありました。**若く、早いうちに物、こと、人にたくさん触れたから、ある程度今は判断できるようになってるのかなという気はしますね。**どのワインがいいか勧められる人はワインをたくさん飲んだ人じゃないですか。結局、早さと数なのかなって気がしますね」

素直だったからこそ、いいと思うものはとりあえずやってみて、買ってみた。いいと思う人にも会ってみた。聞いただけ、見ただけではなく、体験し、実感したからこそわかることがある。はずれを引き、お金や時間を無駄にしたからこそ嗅覚が鍛えられた。間違いなく、素直さによるＴＹ精神が現在の原田監督をつくっている。

46 高校生のためなら謹慎も厭わない

2023年の11月。高校生にとって夢のような話が原田監督のもとに舞い込んだ。24年の2月にプエルトリコで行われるU－18世界野球トーナメント大会に参加できるという話だ。プエルトリコ政府から日本チームが招待されたが、日本代表の選手が集まっておらず、参加者を募集しているという。選手選考もなく、30～40万円の渡航費などを払えば、手を挙げるだけで日本代表の一員としてプエルトリコに行って試合ができるということだった。

「そんなおいしくて、面白い話があるのかと思いましたよ。高校生にとって素晴らしい経験になる。正直に言って、甲子園よりもいい経験になるなと。甲子園に出て得られるものは、達成感や充実感。あとは周りの人に喜んでもらえたり、進路に影響したりという一時的なものですよね。もちろんそれも素晴らしいことですが、若き時代に**海外に行って異文化に触れたら人生観が変わる可能性がある**。将来に大きく影響します。実際、私は42歳のときにドミニカ共和国に行って、そこから価値観が変わりましたからね。高校生のうちに、若いうちに海外に行って異文化に触れてカルチャーショックを受けたら残りの高校生活も価値観を変えて送れるわけじゃないですか。絶対、若いうちに、早いうちにいろんな経験をしたほうがいいですよね」

選手たちにこの話をすると、5時間後には5人の参加希望者が出た。すでに親の承諾を取りつけているという。プエルトリコ政府との窓口になっている「日本エンラセ委員会」に連絡すると「他の学校にも案内しているのでいったんストップしてください」ということになったが、翌日にも3人が参加を希望。このチャンスを逃すまいと聖愛の選手たちの行動は早かった。

人生でプエルトリコに行くことは、まずない。原田監督も部員たちもワクワクしていた。だが、問題は高野連だ。日本高野連の規定により12月から3月8日まではアウト・オブ・シーズンで対外試合が禁止されている。まれに都道府県の選抜チームなどが海外遠征をすることがあるが、それは各都道府県高野連の事業として認められた場合だ。今回は都道府県単位の選抜チームではなく、高野連の許可が必要だった。

1週間後、エンラセ委員会から「今回は無理そうだ」という連絡が来た。全日本野球協会に問い合わせたところ、「以前にも同じような例がありNGだった」というのが理由だった。

「なんでダメなのかわかりませんよね。しかも、エンラセ委員会は直接、高野連に訊いたわけではない。納得がいかなかったので、直接高野連に問い合わせることを提案しました。ダメなら根拠はなんなのか。部員が高野連に所属しているのが問題なら、一度高野連登録を外して国際交流をして、4月に再登録するのはダメなのか訊いてみましょうと」

エンラセ委員会に任せてはいられないと原田監督も動く。すぐに青森県の高野連に連絡した。青森県高野連から高野連本部に問い合わせた結果、返ってきたのは次のような回答だった。

「プエルトリコに行くことは認められない。理由はアウト・オブ・シーズンに試合をすることは不平等になるから。一度登録を抹消する件に関しても、抹消するのはもう登録することがないという前提になっている。再登録は認めていない」

聖愛の選手たちのプエルトリコ行きは幻に終わった。


「子どもたちが成長できるいい機会なのに、もったいないですよね。ただ、3年生ならOKとのことでした。なぜ3年生はいいのかといったら、もう大会がないからです。行くんだったら退部届を出して行くこと。プロ志望届と同じですよ。退部すればプロと交渉できるわけじゃないですか。ドラフトにかかったら（卒業前でも）キャンプに行って試合にも出れるじゃないですか。大学に行く選手も2月にキャンプ行って、オープン戦に出てますよね。3年生はいいんですよ」

この話が来たのは11月。降ってわいたような話で準備期間が短かった。それゆえに選手も集まらなかったわけだが、聖愛の選手たちも3年生は希望者が出なかった。金銭面の負担が大きかったからだ。

「3年生は大学に行くのに100万円払わないとダメなんですよ。私も前の年の12月に娘の進学で入学金、前期の授業料で100万円払いましたから。大学で野球をやる子たちはそれプラスキャンプの費用も20万ぐらいかかるわけですよ。寮に入るためにものもそろえないといけないし、道具一式も含めて150万円ぐらい準備しないとダメなんですよね。1年前からわかってたらいいですけど、いきなり言われても行けないですよね」

アウト・オブ・シーズンのうちの10日間、海外で試合をすることが不平等なのか。到底納得できる理由ではない。そもそも、高野連はプレイヤーズファーストを謳っているではないか。夏の選手権大会が100回を迎えた18年、高野連は『高校野球200年構想』を策定している。そのII「構想の目的」にはこう書かれている。

1 「Players First」(選手を第一に考える)を基本に、安全に長くプレーできる環境を作ります。
2 野球の楽しさを広めて競技人口を拡大し、応援していただけるファンを増やします。
3 様々な個人や団体と連携、協力して野球の振興、発展に尽くします。
4 野球を通じて若い世代の心と体の健全な成長に寄与します。

プエルトリコ行きを認めなかった高野連の決定は構想の目的にある1〜4の項目にことごと

く反しているとと言わざるをえない。若い世代の成長の場も野球振興の場も奪う残念な決定だった。

「われわれ日本高野連に所属している人たちは子どもたちもいるので訴えるわけにいかないんです。でも、外部団体なら強く要望できるじゃないですか。これからの子どもたちのためにエンラセ委員会が高野連に強く要望することを望みました」

子どもたちのために動いた結果、自分が謹慎処分を食らってもいい。原田監督にはそれぐらいの覚悟がある。

「私の投げかけに対して、11月30日に日本高野連で会議をした。その結果、ダメということになった。ただ、それがきっかけかわかりませんが、12月の甲子園塾で参加した指導者たちに対し、寶《たから》（馨）会長がアウト・オブ・シーズンに対しての意見を求める場面がありました。変わるかどうかは別として、無駄な抵抗ではなかったのかなと思います」

子どもたちの未来が変わるなら、やれることはとことんやる。どれだけでも動く。原田監督はそう決めている。

47 ひとり旅をする

〝ひとり旅〟

かつて聖愛野球部にはそう呼ばれる行事があった。入試による休日を利用して、選手たちが一人で遠くへ出かける。

「やった理由は、自立させたいなと思ったからです」

野球部で活動していると個人でどこかに出かけることはほとんどない。遠征は全員でのバス移動が大半で、自宅から通う選手以外は公共の交通機関を利用することもほとんどない。

「行き先は自由ですが、計画書を出させます。まずは目的。なんのためにそこに行くのか。行動予定。何時に電車に乗って行くのか。いくらお金がかかるのか。事前に調べさせます。帰って来たあとには行ってきた感想を提出させます」

温泉に行く、海に行く、親戚に会いに行く、志望する大学を見学に行く……。いろいろな選手がいたが、中にはこんな選手もいた。

「捕手の子だったんですけど、秋の大会でパスボールで失点して負けたんです。『その試合の会場だった八戸長根球場に行って、もう一回、その場面を思い出して、あのときの悔しさを思い出したい』と」

面白い取り組みだったひとり旅だが、残念ながら2年で終了。現在は行っていない。

「私は宿泊推奨派。一泊とかで行けばいいと思ってたんですけど、学校的にダメなんですよ。高校生一人で県外に泊まりで行くのはダメだと。日帰りだと旅にならないですよね。それでやめたのもあります。やってみて思ったのは、やっぱり一日ではダメだということ。キャンペーンで終わっちゃいますから」


知らない場所へ一人で行く。この経験の大切さを、身をもって実感しているのが原田監督だ。ドミニカ共和国へ一人で行った経験は、人生でも忘れることができない衝撃の体験の連続だった（56ページ）。

「阪長さんにお願いしたので、全部、阪長さんの言うことを聞いてればいいと思ってたんです。そしたら、用意してくれたのは飛行機のチケットとホテルだけ。『この飛行機に乗ってくださ い。成田発何時です。ニューアークに何時に着きます。ニューアーク何時出発の便でサントドミンゴまで来てください。サントドミンゴのホテルのロビーに朝9時に待ち合わせしましょう』と。他に言われたのは『治安はめっちゃくちゃ悪いので、暗いうちにサントドミンゴの街を一人で歩くのはやめてください』だけ。それ以外は何を訊いても『自分で考えてください。

体験してください』みたいな感じでした」

一人で海外に行くのは初めてだった原田監督。まずは経由地のアメリカに着いたが、そこでいきなり不安でいっぱいになった。到着したのはニュージャージー州にあるニューアーク空港。ニューヨークは知っていても、ニューアークは知らない。

「阪長さんがニューアークと言ってたんですけど、うまく言えなくて、かんでしまってニューヨークをニューアークと言ってると思ったんですよ。ニューアークとニューヨークの言い間違いだろうって。でも着いたのがニューアーク。『これ大丈夫なのか？』と不安になって、乗り継ぎじゃなくて出口のほうに行って外に出ちゃったんですよ。出たらすぐ、ＦＢＩのパトカーが何台もいるんです。『やべー、どうすればいいんだ』って空港に戻りました」

空港では戸惑うことばかりだった。英語を聞き取れず、何をすればいいかわからない。

「筋肉隆々のいかつい人が立ってて。みんなスーッと行くんですけど、自分のときだけ何かしゃべられて。なんの話だかわからなくてチケットを見せたりするんですけど、違うと。荷物検査かと思って、荷物を開けて見せても違うと。そのうちにキレるんですよ。手をつかまれました。そしたら、指紋採取だったんです。怖かったですよ」

ニューアーク空港では、空港内の床に這いつくばって嘔吐している人もいた。「なんなんだ、ここは……」と思いながら、やっとのことでドミニカの首都・サントドミンゴに到着。ところが、そこでまた強烈な不安に襲われる。

「着いたのは朝4時頃です。阪長さんからは『タクシーの運転手がいろいろ声をかけてくるけど、それには絶対乗らないでください。マリオという人が迎えに行くので、マリオのタクシーに乗ってきてください』と指示を受けていました。事前にマリオの写真が送られてきてたんですけど、話しかけてきた人と写真の人物が一致しないんですよ。写真では帽子をかぶっていたのに、その人は帽子をかぶってない。服も写真と違う。『ミスター、ハラダ？』と言われたけど、『いや、これマリオじゃない。ちょっと似てるけど違う。もしかしたらマリオに変装してオレのことをハメようとしているのかもしれない』と思って無視してたんです（笑）」

ただ、よく考えてみると偽物が「ハラダ」と知っているはずがない。思いきって『ミスター、マリオ？』と言ってみたら本人だった。ホッとしてマリオの車に乗り込んだのもつかの間、マリオの様子がおかしくなる。

「どうしたんだと思ったら、車のカギがないと。いろいろ捜し始めたんで、私も一緒に捜し始めました。『大丈夫なのか、この人？』って思いましたね。結局、人が集まってきて5、6人で車の周りを捜したんです。結果的には運転席の下にカギがありました。落としたんでしょうね。1時間ぐらい捜しましたよ」

30分ぐらいでホテルに着いたが、ここでも目に入ってくるのは初めて見る光景ばかりだった。

「ロビーで待っていたら、190センチ、120キロぐらいの筋肉隆々、タトゥーでいっぱいの男が入ってきて、フロントに文句つけてるんですよ。『うわー。怖ぇ～』と思って、見ないふりをしてました。トイレも、トイレ自体はきれいなんですけど、おしっこがまき散らされてるんですよ。大のほうもフタを開けたら便座にもおしっこがいっぱいかかってる。『マジかよ』と思ったら、さっきのいかつい男が入ってきた。腹が立ってるから便器を壊し始めたりして。『早く時間たってくれ』と思いましたね」

スマートフォンの翻訳機能を使ってチェックインはできたが、相手の話す言葉はわからず、キーデポジットで払うお金も「取られた」と感じた。不安は恐怖を呼び、不信感を募らせることになる。生まれて初めての経験だった。

「帰りもトラブルがあったんですよ。ホテルから出るとき、早朝出発だったから誰も見送りに来ない。前の日に洗濯を頼んであって、その日に届く予定だったんですけど、届かないんです。『どうしてくれるんだ?』と言っても、『そんなの知らねえよ』と。ホテルには同部屋の人がいたんですけど、『そいつがまだ滞在してるからダメだ』と言ってキーデポジットは返してくれませんでした」

行きも帰りも、「今後何があっても大丈夫」と思えるほどの苦労の連続。あとにも先にもあれだけ大変な思いをしたことはない。

「でも、全部やってくれてたらつまんないですよね。何もやってくれなくて、一人でやって失敗して、怖い思いをしたのがよかった。めっちゃネタじゃないですか。**人生ネタづくり**だと思ってるんで。すごくいい経験しました。もちろんドミニカ共和国に行っていろいろ学んだことはありましたけど、一番印象に残ってるのは行き帰りの苦労ですね」

この経験があるから、こう言える。

「やっぱり、**行ってみないとわからない**ですよね。ドミニカにいたのは1週間でしたけど、すごくよかったです。こんな経験を若いうちにしたほうがいいです。それこそ**早さ**ですよ。10代のときに経験して、その感覚を持って20代を過ごすのと、その感覚なしに20代を過ごすのとでは、比べものにならないと思うんですよね。絶対、行ったほうがいい。**体験、事にお金を使うべきです**」

動画サイトを開けば、いくらでも〝行った気分〟になれる時代。だが、何十時間映像で見ても、実際に足を踏み入れ、空気を肌で感じる1分にはかなわない。生の体験は何ものにも代えられないのだ。

48 朝令暮改を厭わない

朝言ったことが夕方には変わる。

「朝令暮改と思われたくない」「一貫性のない人間だと思われたくない」という思いから、リーダーは躊躇しがちだ。だが、原田監督にそんな気持ちはまったくない。

「例えば、前の日に練習メニューの打ち合わせをしてOKを出しても、次の日の朝起きて『あれ、もっとこうしたほうがいいんじゃないかな』と思うこともあるんですよ。朝にメニューを修正しても、放課後の練習前に『ちょっと待てよ。もうちょっとここはこうしたほうがいいんじゃないか』と変更になることもあります」

原田監督にとっては日常茶飯事。驚くことでもないため、あらかじめ選手にも伝えている。

「『わはそういう人間だからね』って。でも、それは一貫性がないとかじゃない。**もっといいものをつくりたいと思っていて、そのときにいいと思うものにするだけ。進化しているということ**なんです。『夜よりも朝、朝よりも昼、昼よりも夜って進化してるから、そこはついてきてね。君らもそういう感覚を持ってね』と」

部内のルールや攻略本（196ページ）についても同様だ。世の中は常に変化している。正解も常に変わる。だったら、ルールも変えなければいけない。

「まぁ、ついてくる人は大変ですよ。朝令暮改だと」

それでも、変える。よりよいものを目指す。それが、リーダーのやるべきことなのだ。

49 チャンスは自らつかみにいく

２０２４年２月13日。聖愛の礼拝堂で聖愛野球部のためにお笑い芸人・西野亮廣さんの講演会が開かれた。西野さんの講演会は50万円で開催権を購入することができるが、サロンメンバーであり、西野さんの大ファンの原田監督が自分で購入したわけではない。なんと、聖愛野球部のファンからプレゼントしてもらったのだ。

すべての始まりは、２０２０年の12月。西野さんの描いた絵本が原作になっている『映画 えんとつ町のプペル』を観たことだった。

「簡単に言うと、夢を語る人が笑われて、叩かれる世の中を描いた物語です。えんとつ町は上を見てもえんとつから出る煙しかないんですよ。だから、みんな空を見たことない。星なんてあるわけがないと思っているんです。ところが、主人公であるルビッチの亡くなった父親は星を見たことがある。ルビッチはそれを信じ『星は必ずあるんだよ』という話をしたら、みんなに『そんなのあるわけがない』とバカにされた。それでも、主人公はみんなにきれいな星を見せたかった。だから、誰に何を言われようが、星の話をして歩いたんです。当然、いじめられます。でもあきらめず、最終的には煙をなくしてみんなに星を見せることができた。そのストーリーがすごく自分と重なったんですよ」

県外から有力選手が集まる青森山田、光星学院（現八戸学院光星）の2強が君臨する青森県で「青森県の子だけで甲子園に行く」ことに挑戦した原田監督。女子校から共学になり、野球部ができたときは中学時代に地学部、囲碁将棋部だった選手、女子選手1人を含め、10人しかいなかった。周囲から「無理、無謀だ」と言われたが、自費で寮を購入し、家族全員で野球部を運営し、13年夏に初めての甲子園にたどり着いた。だが、翌年以降は再び2強の壁に阻まれる。その間に野球教室を始め、長髪を許可し、ノーサイン野球をやるようになったことで、「原田は勝つことをあきらめた」と言われた。

「いろんなことにチャレンジして、いろんな夢を語っていたらバカにされて叩かれた。13年に甲子園で2勝して青森県民が喜んでくれましたけど、そのあと、いろんなチャレンジをしたら、また叩かれた。そんななかでプペルと出会ったんです」

21年1月4日のファーストミーティングの日には、サプライズで全部員をプペルの映画鑑賞に連れて行った。みんなで感動して泣いた。ちなみに、原田監督はこの映画を四度も観に行っている。何度も心が折れそうになっていた原田監督だが、主人公と自分の姿を重ね合わせ、主人公を励みにチャレンジを続けた結果、その年の夏に8年ぶりの甲子園出場を果たした。

甲子園出場はプペルのおかげ。映画だけでなく、西野さんのビジネスの話に共感し、チームづくりや運営の参考にしていた原田監督にとって、最大のチャンスがやってくる。23年の9月25日に弘前で西野さんの講演会が開かれるというニュースを聞いたのだ。いてもたってもいられなくなった原田監督は、講演会の主催者である小山内一志さんの連絡先を見つけると、あふれる想いをぶつけた。

「『はじめまして。聖愛の原田と申します』から始まって、熱い想いをメールしたんですよ。主催者も弘前の人なので聖愛が甲子園に出ている学校ということも、私のことも知ってくれていました。ただ、プペルに関するエピソードは知らなかったと。それで興奮して、『講演会が終わったあとの懇親会に原田さんを案内します。西野さんの隣に座ってください。原田監督と西野さんのコラボが見たいです』と言ってくれたんです」

懇親会であこがれの西野さんとの対面が実現。次に甲子園出場を果たした際にはクラウドファンディングを手伝ってもらう約束をして満足感いっぱいの原田監督だったが、縁はそれだけで終わらなかった。10月に小山内さんが西野さん主催のイベントに参加。会場に来ていた子どもたちが喜ぶ姿に感動し、「西野さんの話を、話がわかる子どもたちに聞かせたい」とその場で西野さんの講演会開催権を購入。原田監督にプレゼントしてくれたのだ。

もともとはただのファンでしかなかった原田監督が、半年の間に二度も西野さんと会い、聖愛野球部のための講演会まで開いてもらい、懇親会で飲むことまでできたのは、チャンスを活かそうと行動したからにほかならない。

「**イメージしていることは実現する**。若い頃からのダメ元、どぶ板営業でたくさんの成功体験を積み重ねてきた自分の資質がここにきても発揮されたと思います」

思っているだけでなく、ＪＫ＝実際に行動するから未来は拓かれるのだ。

思ってもみなかった考えが浮かぶようになる悩み相談は「原田一範コンサルティング」へ

もはや原田一範オンラインサロンと言ってもいい。それぐらい筆者主宰のタジケンオンラインサロンで中心的存在になっているのが原田監督だ。

不定期で投稿される独特の"原田節"による発信も人気だが、最も人気があるのは、ほぼ月一回ペースで行われる『居酒屋カズノリ』。原田監督が居酒屋の店長となり、筆者、二人のサロンメンバーの四人で行うオンライン飲み会だ。二人の参加メンバーの座は毎月争奪戦。筆者のもとには参加希望を熱く訴える数十行に及ぶDMが届く。あくまでも飲み会なのだが、いざ会が始まると参加メンバーのほとんどが指導やチームづくりの悩みを原田店長に相談する（ときどき筆者にも相談が来ます……笑）"原田コンサルティング"の時間になっている。

また、サロンメンバーが待ちわびるのが年一回行う『合宿カズノリ』。サロンメンバーがリアルで集まっての勉強会だ。2023年の第一回は東京・池袋での座学研修だったが、第二回の24年は静岡・掛川西高校に集まり、座学だけでなくグラウンドでの実技指導研修も行った。もちろん、夜は懇親会。ここでも原田監督が中心となり、野球談議、指導論で深夜まで盛り上がった。

この他、毎月一回行うオンライン交流会でも原田監督は活躍。交流会では毎月テーマを設定して意見

右上／居酒屋カズノリ。左下が原田監督。右上が筆者　左上／オンライン交流会　右下／合宿カズノリ

交換や情報交換を行うが、フリーの質問タイムもある。最も多く質問されるのが原田監督だ。また、交流会では原田監督から「今は有給休暇制に取り組んでいます」など現在チャレンジ中の取り組みが発表されることも多々あり、サロンメンバーが刺激を受ける場にもなっている。

この本を読んで、ますます原田監督に興味を持った方、実際に話したい方はぜひタジケンオンラインサロンへ。視野が広がり、それまで思ってもみなかった考えが浮かぶようになることは間違いありません。制約があるから工夫する。原田監督とともに弱者の強みを磨きましょう！　サロンへの参加は巻末のQRコードから。筆者と二人であなたのご参加を待っています。

あとがき

「世直しですね」

ある指導者が原田監督に「何を目指しているのですか」と尋ねたときの答えだ。高校野球の指導者で「世直しをしたい」と口にする人に会ったことはない。世直しとは、『世の中をよくすること。世の中を改め、新しい世の中にする』という意味だ。では、原田監督は何に不満を持っているのか。

「スポーツマンじゃないということですね。世の中のほとんどの問題はスポーツマンシップに欠けていることだと思うので、スポーツマンを育成して、勝ってスポーツマンシップの普及をしたい」

野球も含め、スポーツの試合はgameと呼ばれる。もともとは遊びということだ。日本スポーツマンシップ協会のホームページにはスポーツマンとスポーツマンシップについてこう書かれている（原文まま）。

『Good gameをめざして全力を尽くして愉しむことがスポーツの本質です。
プレーヤー（相手・仲間）、ルール、審判に対する尊重。
困難や危機を恐れず、自ら責任をもって決断・行動・挑戦する勇気。
勝利をめざして苦しい試練を耐え抜き、自ら全力を尽くして愉しむ覚悟。
これらすべて備わることでGood gameが実現できます。
このようなスポーツの本質的な価値を理解し、
Good gameを実現する覚悟をもった人をスポーツマンと呼びます。
そして、スポーツマンに求められる
「Good gameを実現しようとする心構え」がスポーツマンシップです』

負けが許されないトーナメントのために勝利至上主義になりがちな高校野球。甲子園でもサイン伝達は当たり前。相手選手の精神面を乱そうと自らヤジを飛ばす監督もいる。２０２３年夏の甲子園では、ある甲子園常連校の外野のボールボーイを務めた選手が、ファウルボールが飛んできた際、相手のチームの守備中はイスを置いたまま避け、自分のチームの守備中はイスを持って避けた場面があった。もちろん、イスが邪魔になって捕球しづらくするためだ（相手チームの選手はイスを怖がらずファインプレーをしたが危険だった）。高野連の掲げるフェアプレー精神のかけらも見られない。

本文でも紹介したように試合後に審判の判定についてSNSで文句を言ったり、スタンドから試合中の選手にヤジを飛ばしたりする選手もいる。強豪校になればなるほど、どんどんバッドウィナー、バッドルーザーに。これでは、なんのために野球をやっているのかわからない。そんな野球界に一石を投じたい。そんな想いから、原田監督は西中裕也部長や太田淳前部長とともに、日本スポーツマンシップ協会認定のスポーツマンシップコーチの資格を取って、指導にあたっている。

もう一つ、原田監督が不満を持っているのが高野連の規則。子どもたちの成長の機会を、規則によって制限されてしまっている。

「もちろん高野連の方々の献身的な姿も知っています。甲子園大会に出場させていただいた2021年夏は、コロナ禍で出場辞退する学校もありました。記録的な豪雨で長引き、日程の調整も難しい大会でした。そんななか、高野連の方から毎日のように日程調整の連絡をいただき、『なんとか高校球児に甲子園で試合をさせてあげたい』という思いが伝わってきました。第一試合の球場入りは6時ですから、高野連の方々は5時には球場入りしていると思います。第四試合が終わり帰るのは夜で、それが毎日ですから感謝しかありません。ただ、一方で思うことは、高野連の仕組みを変えないとどうにもならないということです」

おそらくこれまでも同じような想いを持っていた指導者は多くいるはず。だが、それを公の場で口にする人はほとんどいなかった。

「多くの指導者から『高野連を批判するようなことを言ったら、すぐに目をつけられるぞ。審判のジャッジが不利になったり、センバツ選考で不利になったり、すぐに謹慎になったり、謹慎期間が長くなったりする。だから、あまり高野連には逆らわないほうがいいぞ』と言われます。でも、もしそれが本当だったら、それこそ大問題じゃないですか」

本当は言いたい人はたくさんいるのに、学校や生徒に迷惑がかかるかもしれないから言うことができない。その結果、高野連は大きく変わる機会がないまま今日まできた。

「正直、高野連の規定が、子どもたちの可能性を奪っていると思うことが多々あります。ルールなので守りますが、子どもたちの可能性や多様性を第一に考えるならば、聖愛の野球部に高野連に登録する人と高野連に登録しない人との二つのチームをつくるのもありかと思うんですよね。高野連に所属してない人たちはいろんなことができると思うんですよ。スポンサーを集めることもできるし、クラウドファンディングをやることもできる。高野連に登録してないだけであって、聖愛高校の野球部員には変わりないじゃないですか。野球の普及活動だってもっと自由にできるし、中学生と一緒に練習もできる。(プロアマなどの)指導者の制限もないですしね。そんなこともやってみたいと思ったりしますよね。高野連の制限なしで、子どもたちの成長のために、これからの野球界のためにいろんなことができますからね」

247ページで紹介したプエルトリコ遠征が実現しなかったのも高野連の許可が出なかったから。親からの承諾を得て、心はプエルトリコに飛んでいただけに、選手たちは大いに落胆した。

「高野連の方が、地域格差や学業、健康など、さまざまなことを考えてアウト・オブ・シーズンを設けてくださっていることはわかります。でも、今回はチーム参加ではなく個人参加。プレーヤーズファーストという目的を掲げているのであれば、自分たちの経験と成長のために許可してほしかったです。これからの高校球児には成長する機会をあげてほしいと強く思いました」（加藤陽琉）

「平等性を求めてルールをつくらなければいけないのはわかります。とても難しいところだと思いますが、自分たちは高校球児である前に、高校生として、大人になったときのためにいろいろな経験をしていくことが大事だと思っています。今回は自分が高野連に所属しているがために、せっかくの国際交流のチャンスを活かすことができませんでした。挑戦したかったです」（佐藤快）

目の前で中南米の選手のプレーを見て、交流すれば、どれだけプラスになったことか……。機会損失が残念でならない。

「そういう意味でも、これからの高校野球が目指す方向性は慶應の森林さんが言った多様性。いろいろあっていいんじゃないかと思います。甲子園だけじゃなくて、サッカーみたいな感じでいろんな大会があっていい。サッカーは補欠ゼロですよ」

サッカーは夏のインターハイや冬の全国高校選手権の他に高円宮杯といわれるリーグ戦がある。チームの強さによってカテゴリーに分かれており、青森山田のような大所帯のチームは青森山田、青森山田セカンド、青森山田サードなど（一部、二部などカテゴリーは違うが）複数のチームがエントリーできる。そのため、選手たちはどこかのチームの一員として試合に出ることができる。高校野球の大所帯チームのようにメンバー外で一度も試合に出ることがなく引退ということはほぼない。

このように高校サッカーは選手たちに出場機会を与える工夫をしているが、高校野球は約100年も昔のまま。新しく何かをしようという動きは見られない。これも機会損失といえる。高野連の掲げる「プレーヤーズファースト」は、夏の甲子園にクーリングタイムを導入したり、甲子園のベンチ入り人数を二人増やすなど、対外的なものばかりにとどまっている。これもまた残念でならない。

「24年は甲子園球場100周年ですよね。世界的に見ても、一つの大会が同じ球場で100年も続いているのは甲子園大会だけ。守っていくべきものであることは間違いありません。世界に誇れる文化だからこそ、『守るために変えてはいけない』のではなく、『守るために、時代に合わせて変えること』が必要。これから先も永く続くべき高校野球界のために、時代に合った改革を願います」

一野球部の監督が100年も変わらない巨大組織を動かすことは不可能。だが、自分のチームのことなら変えることができる。できないことを嘆くより、できることを考える。小さなことからコツコツと。それが、原田監督がやっていることだ。

「原田がまた変わったことを始めたぞ」

「原田は勝つことをあきらめた」

周囲の声は嫌でも耳に入ってくる。勝てないときは特に。それでも、挑戦し続けてきた。よく「子どもは親の言うことは聞かないが、親のやることはマネをする」といわれる。それは、指導者と選手の関係でも同じ。選手たちは、言うことは聞かない（聞いているふりはする）が、監督のことはよく見ている。だからこそ、指導者は選手たちにどんな姿を見せるかが大事になる。

子どもたちは技術を教えてくれた指導者よりも、意識を変えてくれた指導者に「この人に一生ついていこう」と思うもの。知識を与えるより、意識を変えることで人生は変わる。そのために原田監督はチャレンジし続ける姿を見せるのだ。

ついていきたくなる指導者の３つのＥというものがある。

Exciting（ドキドキ）新しいことに挑戦する
Entertainment（ニコニコ）笑い声
Energy（イキイキ）元気

３つのＥがあふれる原田監督。これからも自立した子どもたちを育て、工夫した取り組みを重ね、ＪＫ＝常識を変えることに挑み続ける。

原田一範　甲子園　監督成績

2013年（平成25年）夏

1回戦 ○　6対0　玉野光南（岡山）										
	1	2	3	4	5	6	7	8	9	計
弘前学院聖愛	0	1	0	1	0	2	1	0	1	6
玉野光南	0	0	0	0	0	0	0	0	0	0

2回戦 ○　4対3　沖縄尚学（沖縄）										
	1	2	3	4	5	6	7	8	9	計
沖縄尚学	1	0	0	0	0	0	1	1	0	3
弘前学院聖愛	1	0	0	3	0	0	0	0	×	4

3回戦 ●　0対10　延岡学園（宮崎）										
	1	2	3	4	5	6	7	8	9	計
弘前学院聖愛	0	0	0	0	0	0	0	0	0	0
延岡学園	0	0	1	0	4	4	0	1	×	10

2021年（令和3年）夏

2回戦 ●　3対4　石見智翠館（島根）										
	1	2	3	4	5	6	7	8	9	計
弘前学院聖愛	2	0	0	0	0	0	0	0	1	3
石見智翠館	0	0	2	0	0	0	0	2	×	4

原田一範　春夏秋公式戦　監督成績　(　)内は出場回数

年度	春		夏		秋	
2001年(平成13年)			県大会	2回戦＊1	地区予選	
2002年(平成14年)	地区予選		県大会	2回戦	地区予選	
2003年(平成15年)	地区予選		県大会	3回戦＊2	県大会	1回戦
2004年(平成16年)	地区予選		県大会	2回戦	県大会	2回戦
2005年(平成17年)	地区予選		県大会	ベスト4	県大会	ベスト8
2006年(平成18年)	県大会	2回戦	県大会	2回戦	県大会	ベスト8
2007年(平成19年)	地区予選		県大会	ベスト8	地区予選	
2008年(平成20年)	県大会	2回戦	県大会	3回戦	県大会	2回戦
2009年(平成21年)	県大会 東北大会(初)	準優勝 ベスト8	県大会	2回戦	県大会 東北大会(初)	準優勝 ベスト4
2010年(平成22年)	地区予選		県大会	ベスト8	県大会	ベスト8
2011年(平成23年)	県大会	2回戦	県大会	ベスト4	県大会	2回戦
2012年(平成24年)	県大会 東北大会(2)	準優勝 ベスト8	県大会	準優勝	県大会	ベスト8
2013年(平成25年)	県大会	ベスト8	県大会 甲子園(初)	優勝(初) ベスト16	県大会 東北大会(2)	ベスト4 ベスト8
2014年(平成26年)	県大会	ベスト4	県大会	ベスト4	県大会 東北大会(3)	準優勝 ベスト8
2015年(平成27年)	県大会 東北大会(3)	優勝(初) ベスト8	県大会	ベスト8	県大会	ベスト8
2016年(平成28年)	県大会 東北大会(4)	準優勝 2回戦	県大会	ベスト4	地区予選	
2017年(平成29年)	県大会 東北大会(5)	準優勝 ベスト8	県大会	ベスト4	県大会	ベスト8
2018年(平成30年)	県大会	2回戦	県大会	準優勝	県大会	1回戦
2019年(令和元年)	県大会 東北大会(6)	準優勝 優勝(初)	県大会	準優勝	県大会	ベスト8
2020年(令和2年)	県大会	中止＊3	代替大会	ベスト8	県大会 東北大会(4)	ベスト4 2回戦
2021年(令和3年)	県大会	ベスト8	県大会 甲子園(2)	優勝❷ 2回戦	県大会	1回戦
2022年(令和4年)	県大会 東北大会(7)	準優勝 ベスト4	県大会	ベスト4	地区予選	
2023年(令和5年)	県大会	ベスト4	県大会	ベスト4	県大会 東北大会(5)	ベスト4 2回戦

＊1 初戦で岩木高に2対29　＊2 初勝利・大畑高に3対2　＊3 新型コロナ感染拡大のため

原田一範 はらだ・かずのり

弘前学院聖愛高等学校硬式野球部監督

1977年9月23日、青森県生まれ。弘前工業高校、日本大学通信教育部卒業。弘前工業高校コーチを経て、2001年、弘前学院聖愛高校野球部の創部と同時に監督就任。県内出身の選手を中心にしたチームづくりを行い、創部から12年で甲子園の舞台に。初出場となった2013年夏は2勝を挙げて16強入り。その後、選手の主体性を育てる「ノーサイン野球」を実践し、2021年夏には8年ぶりに甲子園出場。初戦(2回戦)敗退ながら、最後まで粘る好ゲームを見せた。常に革新的な取り組みを行い、多くの指導者から一目置かれる存在。弘前学院聖愛中高の職員を務める。

田尻賢誉 たじり・まさたか

スポーツジャーナリスト

1975年12月31日、神戸市生まれ。学習院大学卒業後、ラジオ局勤務を経てスポーツジャーナリストに。高校野球の徹底した現場取材に定評がある。『JK＜準備と確認＞で人生が変わる　高校野球で結果を出す方法』をはじめ、名将の勝ち方を紹介した高校野球監督セオリーシリーズ（『智弁和歌山・髙嶋仁のセオリー』、『日大三高・小倉全由のセオリー』『龍谷大平安・原田英彦のセオリー』『明徳義塾・馬淵史郎のセオリー』『広陵・中井哲之のセオリー』『聖光学院・斎藤智也のセオリー』）ほか著書多数。講演活動も行っている。「甲子園に近づくメルマガ」を好評配信中。無料版はQRコードを読み取って空メールで購読可能。野球指導者限定のオンラインサロンも主宰している。

タジケンの無料メルマガは
こちらから

タジケンストアは
こちらから

タジケンのVoicyは
こちらから

タジケンのオンラインサロンは
こちらから

ＪＫ《ジェイケイ》＝自立《じりつ》と工夫《くふう》で常識《じょうしき》を変《か》える
弘前学院聖愛高校《ひろさきがくいんせいあいこうこう》野球部《やきゅうぶ》監督《かんとく》・原田《はらだ》一範《かずのり》の挑戦《ちょうせん》

2024年4月30日　第1版第1刷発行

著　者　田尻《たじり》 賢誉《まさたか》
発行人　池田 哲雄
発行所　株式会社ベースボール・マガジン社
〒103-8482 東京都中央区日本橋浜町2-61-9
TIE浜町ビル
電話　03-5643-3930（販売部）
03-5643-3885（出版部）
振替口座　00180-6-46620
https://www.bbm-japan.com/
印刷・製本　広研印刷株式会社

Printed in Japan
ISBN978-4-583-11683-9　C0075